釣り人の「マジで死ぬかと思った」体験談6

～令和の水辺も危険がいっぱい！～

Accident File 106～123

つり人社書籍編集部編

つり人社

釣り人の「マジで死ぬかと思った」体験談6
～令和の水辺も危険がいっぱい！～

目次

Accident File 106 ～ 123

カバーイラスト&装丁　石井正弥
本部デザイン　佐藤安弘（イグアナ・グラフィックデザイン）

Accident File 106.

イノシシ！

エギングのために渡った地磯。「え、なんでイノシシが？」と思った瞬間、太もものあたりに衝撃が走り、私は後方にすっ飛ばされた。ここからまさに壮絶な死闘が始まる。

体験者 **下田直樹（シモダナオキ）**

長崎県長崎市在住。趣味は小学2年から続けているソフトボールでふたつのチームを掛け持ちしているスピード自慢のエース。ただし格闘技経験はゼロである。

山の釣りならまだしもハナレ磯でまさかイノシシと死闘を繰り広げることになろうとは……

（写真はイメージです）

それは今年（２０２０年）の2月24日の出来事だ。当時、私の住む長崎県では新型コロナウイルスの感染者がひとりも出ていない状況で、なおかつその日は3連休の3日目とあって、多くの方が海へ釣りに出掛けていたようだ。

個人タクシーを営む私は、夜から仕事に入るつもりで夕方少しだけ釣りを楽しむことにした。現在52歳の私の釣り歴は40年と長いが、特に釣りマニアというわけではなく、近所の堤防で小ものを釣ったり、たまに仲間と近場で船釣りを楽しむ程度。そんな私のスタイルにぴったりな釣りがエギングだ。まだハマって数年ほどだが、何より手軽なのがいい。しかも食べて美味しく、ここ長崎県は全国でもトップクラスにアオリイカが多いから釣り場にも困らない。

この釣りに夢中になりだした頃は、タクシーのトランクにエギングタックルと餌木ケースを忍ばせ、仕事中でも釣れそうな場所があれば数投なんてこともしていたが、釣れれば氷やクーラーボックスが必要になるため今では釣りは釣りと区別している。

この日に向かったのは自宅から車で30分ほどの小江町の堤防。日没まで釣って自宅に帰って夜から仕事に行くつもりだった。

時期的にはまだ春イカにはひと月以上早いのだが、それでもここ長崎では完全なオフシーズンはない。その堤防ならこの時期でもチャンスはあると思えて向かったが、思いのほか釣り人が多く、これでは餌木を投げるスペースがない。堤防の対岸には高さ３ｍほどのコンクリートの壁が海岸線に沿ってそびえており、その壁の下にはわりと足場のよい三角テトラがなだらかに積まれ、そのすぐ先はテーブル状の平磯が並んでいる。いわゆるハナレ磯なのだが、干潮時になると地続きで行けるところもある。せっかくここまで来たのだからせめて数投はしたいと思った私は、壁を歩いて、乗りやすいところから三角テトラに下り、エギングがしやすそうなハナレ磯（干潮時は間に水がないので地磯になる）へ進んだ。

よしよし、ここなら人も少ない。混雑した釣り場を迂回して磯の先端付近まで来たことで、なんだかとても釣れそうな気になった。ラインの先のスナップに餌木をセットして、海藻や水色のチェックを開始したそのときだった。

「グ、グルルルル……」

背後から唸り声のような音が聞こえた。何だろう？　そう思って顔だけ後ろに向けると、先ほど通ってきた岩場で丸々と太った焦げ茶色の獣が私を睨んでいるではないか。その距離はわずか5ｍ。

「え、なんでイノシシが？」

そう思って体ごと振り返った瞬間、私の太もものあたりに衝撃が走り、まさにラグビーのタックルを受けるような形で私は後方にすっ飛ばされた。

不思議と恐怖や痛みは感じず、ただこのままでは殺されると思い、私の上に覆いかぶさっているイノシシを下から思い切り蹴り上げた。一瞬後ずさりしたので効いたと思って、その隙に立ち上がったところへまたも猪突猛進。なす術もなくまた激しく倒された。片手に持っていたエギングロッドのサオ尻で何度も頭や背中を叩いたが全く効かない。目つぶしも試みたが、ほとんど効果なし。

まともに戦ったら100%勝ち目のない相手なのだとつくづく実感した。

さらに倒れた下半身に頭を突っ込んで、足を噛むわ、キバで刺さすわとやりたい放題の攻撃を受け続け、ズボンを噛んで引きちぎった瞬間に体が離れた。今しかないと思って立ったら、もう次の瞬間には強烈なタックルをお見舞いされ、三たび私は宙を舞った。

組んずほぐれつしながら今度はわりと深い潮溜まりにドボンと落ちた。先に水面に浮上した私が体を後ろにあずけるとお尻が岩の上に乗った。続いてイノシシも浮上してきたので、そうはさせじとイノシシの頭を左脚で強く踏みつけて海中に沈めると、苦しそうにもがき始めた。こちらも必死で浮かんでいる尻側の毛を掴んで、浮かんでこないように両手で相手の背中を抑え込んだ。

どれくらい時間が経ったのか全く記憶にない。

「もう離しても大丈夫ですよ」

そんな声がすぐそばで聞こえて、ようやく全身の力が抜けた。ありがたいことに周囲にいた釣り人が警察に連絡し、救急車が駆け付けてくれていたのだ。通報からの逆算で、死闘はおそらく10分ほど続いたようだった。

救急車に乗せられて初めて「助かった……」と安堵した。病院に搬送されると、興奮が覚めてきてひどく左脚が痛いことに気づく。見れば出血もひどい。噛みつかれた左膝はあと数cm傷が深ければ動脈に達して致命傷だったと医師から言われ8針縫った。岩場で切ったとみられる手も3針縫った。尻にもキバで突かれた傷があった。

警察によれば、私を襲ったイノシシは体長1m、体重80kgの成獣で、おそらく海を泳いで岩場に上がってきたところで出会い頭に遭遇してしまったとのこと。窒息死したそのイノシシは長崎猟友会の方が引き受けてくれたそうだ。

感染症の懸念もあったため、そのまま2週間の入院を余儀なくされ、退院しても2ヵ月も通院した。これだけの重傷を負っても傷害保険も適用されないのだからツイていない、と言いたいところだが、私は非常にツイていたと思う。

通常であれば逆に殺されていたのは私だった可能性のほうが高かったのだから。いくつもの幸運が重なり、たまたま助かったが二度とこんな思いは御免である。そして野生の獣と戦ってはいけないと心から思う。

Accident File 107.
一酸化炭素中毒！

最初の変化は眠気だった。次いでフラフラと足元がおぼつかなくなり、最後には頭がズキズキと痛んだのだった。慎重を期したつもりが凍死まで覚悟する事態に！

体験者　佐藤博之（サトウヒロユキ）

北海道帯広市在住。海サクラ、サケ、オフショアのブリのエキスパートで知られ、メディアでも活躍。結氷湖のワカサギ釣りも長年楽しんでいる。

氷上ランチの定番メニューがこのキムチ鍋だ。身体も温まるしめちゃめちゃ旨いのだが……

それは2020年1月11日の出来事である。友人の林さんとふたりで通いなれた糠平湖《ぬかびらこ》でワカサギ釣りを楽しもうと夜明けに到着するよう車を走らせた。大雪山国立公園内に位置する糠平湖はとにかく寒い。マイナス20℃になることも珍しくない地域で、この日も早朝の車の外気温を見るとマイナス23℃になっていた。ここまで寒いと空気が澄んで逆に気持ちがいい（笑）。そしてこの日も湖畔の駐車場にはたくさんの車が停まっていた。

駐車スペースから森の中を歩き湖面に出ると、雄大な景色が目に飛び込んでくる。この糠平湖は何度来ても開放感があってとても気持ちがいい。

大型の人造湖でポイントもある程度決まっているのだが、いつも同じところで釣っても面白くないよねと友人と話し、チャレンジャーの私たちは調査も兼ね、前から気になっていたはるか遠くの対岸のポイントへ向かった。そこは湖の入り口から40分ぐらい歩くので誰も行かないポイントだ。しかしながら沢が入り込んでいかにも釣れそうな所だったので、一度は行ってみたいと思っていた。

ドリルで氷に穴を開け、魚探の振動子を入れるとワカサギの群れが映るではないか！　急いでテントを立ててすぐに実釣開始！　一発目から連掛けで面白いように釣れる。

当日はとても冷え込んでいたので日が上がっても気温はマイナス13℃くらい。ホワイトガソリンを使ったストーブは点けっぱなしだった。

そして11時頃にはお互いお腹も空いたのでご飯を食べようとなり、いつものキムチ鍋を作ろうとカセットガスコンロを使い調理した。氷上で食べるアツアツの鍋はひときわ旨いのである。

しかし、鍋をつついていると私は心地よい睡魔に誘われて眠たくなり、林さんも「眠たい」と言っていた。このときはまだお腹が膨れたのと、早朝の4時に出発していたからだろうと思っていた。キムチ鍋を食べ終わったあと、近くに温泉の跡地があるので林さんと見に行った。地中からこんこんと湧き出てくる温泉がそこにはあり、その一帯だけは雪もなく動物も集まるのだろう、足跡がたくさんあった。

そこからの帰りに林さんに異変が……。頭が痛いうえに吐きそうで歩くのも辛いから少しここで休んでから戻ると言いだしたのだ。

このときに私は「もしかしてこの症状は一酸化炭素中毒ではないか?」と思ったが、一緒にいた私は何ともなかった。ただ、友人を置いていくわけにはいかないので、私も一緒にゆっくりと休みながらテントへ戻った。

テントに入って暫くすると、今度は私の頭がズキズキしてきたのだ。椅子から立とうとするとクラクラしてしまう。もう間違いない、これは一酸化炭素中毒だと友人と確信した。

このときすでに時刻は15時半。テントを撤収したらもう薄暗くなる。そしてこの地は電波が届かないためスマホで助けも呼べない。

無理して撤収してふたりとも倒れてしまっても危険と判断し、幸い燃料も余っているので動けるようになるまでテント内で休むことにした。

もともと、いつも林さんとのワカサギ釣りは周囲が暗くなるギリギリまでやっていたので、このときもテント内を照らすライトを余分に持ってきていたのもよかった。

日も傾いてきたころ、魚探にはワカサギの濃い群れの反応が映っていたが釣りどころではない。日も沈んで寒さも厳しくなり、お互いビビってしまいストーブも最小にしていた。

もう大丈夫かなと思って立ち上がると、クラクラしてしまう。とても歩ける状態ではない。周りはもう真っ暗になり、だんだんと冷え込んできた。下に引いていた銀マットで周りを囲むと、それだけでもだいぶ暖かさが違うものだった。

林さんと語り合い、励ましあいながら、時刻は23時頃になっていた。さすがに燃料は朝まではもたない。もしこのまま寝てしまったら今度は凍死してしまう危険がある。

ふたりで話し合い、ひとつの決断を下した。それは、休憩しながらゆっくり戻ろうということ。つまり深夜ではあるが、今から撤収することにしたのだ。テントの外に出ると湖面にはガスが立ち込めていたが、視界がなくなるほどではなかった。

例のクラクラは治っていたのでテントは片付け終えたが、なんと周囲が見えなくなるほどのガスに囲まれた。先ほどまでは月明かりでぼんやりと山や星が見えていたのに……。

こんなこともあろうかと、前もって帰る方向にソリを向けていた。そしてスマホの電波は入らなくてもGPSは使えたので方角は分かり、湖上で迷うことはなかった。それでも深夜に視界ゼロは気味が悪い。そして湖の真ん中まで来ると嘘のようにガスが晴れた。そして振り返ると、我々がいたところだけ真っ白なガスが立ち込めていたのである。

休憩しながらゆっくり歩いていると林さんが「車盗まれていたらどうしよう」と言い出した。彼の車は盗難被害の多いランドクルーザーだったのだが、こういうときはなんでもマイナスに考えてしまうものなのだとビビってしまう。

いつもの倍の時間をかけて無事駐車場に戻ると車は停まっていてひと安心。そして生きて戻れたことに安堵した。

帰り際ネットで「一酸化炭素中毒」と検索すると、後遺症がやばいと書いてあるものが多いので、急いで救急病院へ電話をし今回のことを説明すると「大変でしたね。しかしうちでは対応できないので、すぐに大きい病院に行ってください」と言われさらに焦る。

救急救命士の友人に連絡し事情を話すと「爪をグッと押して白くなってピンク色に戻らなかったらやばいからすぐに病院に行って」と教えてもらい、親指の爪を押してみると、すぐにピンク色に戻ったので安心した。

実は、鍋を食べたあとに尿意を催してふたりで用を足した。今思えばあのとき外に出ずにそのまま横になってひと休みしていたら、一酸化炭素中毒で死んでいたと思う。たまたま紙一重で助かったのだと分かってぞっとした。

毎年、氷上のワカサギ釣りでは一酸化炭素中毒でいたましい事故が起こっている。自分は気を付けていると思っていたが、まさか自分がこのようなことになってしまうとは。

こまめに換気はしているつもりだったが、鍋を作るときにカセットガスコンロを使い、さらにホワイトガソリンのストーブを一緒に使ったのでテント内の酸素が減り、一気に一酸化炭素が発生したのだと思う。釣りは楽しいが、危険と隣り合わせというのを思い知らされた。その後、一酸化炭素中毒警報器を購入したのはいうまでもない。

Accident File 108.

バラムツ！

終業時間も近くなり、仕事の仕上げに掛かっていたとき、突然お尻のあたりが温かくなり、ズボンがぷーっと膨れだした。「あ、今、オレ死んだ（社会的に）」と確信した。

体験者 茸本朗（タケモトアキラ）
野山に混じりて食材を採りつつ日々の食卓に並べて暮らす「野食ハンター」を生業とする。『野食ハンターの七転八倒日記』『野食のススメ～東京自給自足生活～』など著書多数。

120㎝で10kgちょいのバラムツを手にする筆者

釣魚の中には、釣ることはできても「食べてはいけない」と言われる魚がいくつか存在する。その代表的なものが、誤食事件や偽装などもあって有名になった深海魚「バラムツ」そして「アブラソコムツ」である。

これらの魚は、人体では消化できないタイプの油脂（ワックス）を筋肉内に大量に含有しているため、食べると消化できなかった油がお尻から漏れ出してしまう。このため法令上は毒魚扱いとなっており、流通させることはできない。しかし韓国やデンマークなど、国によっては食用にされていること、そして時に「全身大トロ」とまで表現されるほどの美味のため、釣り人を中心にしばしばこっそりと食用にされているという事実がある。特に古くからこれらの魚を食べていた静岡県由比地方では今でも好んで食べる人が多いと聞く。

しかしぼくはこれらの魚を食べた結果、人生最大級のピンチを迎えてしまったことがある。

3年ほど前、ぼくは友人にバラムツ・アブラソコムツ釣りに誘われた。もう一人の友人と待ち合わせ、3人で向かったのは静岡・清水港。バラムツ・アブラソコムツ釣りのメッカと呼ばれる場所である。釣り船に乗り込み、100ポンドというパスタみたいに太いリーダーに鈍器のようなジグを結び、エサのサバを半身丸ごとつけて水深100mまでイトを垂らすとすぐにアタリがあった。深海魚であるこれらの魚は、夜間にはやや浅い水深まで浮上してきて釣りやすくなるが、この日は特に好調だったようで船内あちこちで「アタった！」という声が上がっていた。

そしてそれから船上は戦場へと変わった。アブラソコムツに翻弄されて舳先で踊る者あり、サオを一瞬たりとも立てられずにあっという間にのされる者あり……。彼らの力強さに恐れおののいた。僕も120㎝のバラムツを水深110mから引きずりあげたが、手巻きリールで釣ると一尾でもヘトヘトになってしまうほど。

この釣り味のよさゆえ、駿河湾では人気の対象魚なのだが、そのワックスのためほとんどの人が持ち帰らない、いわゆる「ゲームフィッシュ」である。ぼくは個人的にゲームフィッシングがあまり好きではなく、釣った魚はすべからく食うべし！　といった考え方なので、このときもクーラーボックスを持参していた。釣れたバラムツを丁寧に締め、頭と内臓を落としてからクーラーボックスにしまった。

しかし釣りが終わった後、船長が甲板の上のアブラソコムツを発見し激怒しだした。ワックスによって浮力を得ているバラムツ、アブラソコムツは、浮き袋を持たないために水圧の変化に強く、リリースすると深海底に戻っていく。そのため食べないのならば即リリースが基本なのだが、同船者に心無いアングラーがいたようで放置されたままになっていたのだ。優しく親切な船長がぷりぷり怒っているのをみるとどうにもいたたまれなくなり「あ、じゃあ僕持って帰って食べますわ」と言ってしまった。かくして、クーラーをバラムツとアブラソコムツでパンパンにして持ち帰ることになったのだった。

持って帰るときに船長が「加熱して食えば腹壊さねーだら！」とアドバイスしてくれたのだが、それはそれとしてやっぱり一度は刺身も食べてみたいと思っていたのでトライすることにした。大きさに苦戦しながらも三枚に下ろし、冊どりして皮を引くのだが、バラムツの鱗は刃のように尖っており、油断していた結果、指がキズだらけになってしまった。

大きさに苦労しながらも刺身が完成。比べてみるとバラムツのほうがやや赤みが強く、繊維のようすもハッキリしていて、脂の乗りすぎた養殖ブリのように見えなくもない。対してアブラソコムツは真っ白で血合いもよく判らない。しかし、どちらも醤油につけた瞬間、脂の膜がパァッと広がるのが分かるほどで、相当の脂の乗りが想像された。

食べてみると……当然ながら、どちらも脂の味が強い。しかし、残念ながら大トロの脂の風味と比べると上品さに欠ける。近いのはやはり、脂の強い養殖ブリだろう。バラムツのほうがまだ魚の味がして食べられたが、アブラソコムツは本当に脂そのものの味で美味しいと感じなかった。そもそも最近大トロも美味しいと感じなくなってきているオジサンにとって、体重の40%以上がワックスというこれらの魚を美味しく食べるのは困難なミッションだったと思う。食べているうちに口の中に膜が張ったようになり、2切れでギブアップとなった。

残りは船長のアドバイスにのっとり、塩焼き、照り焼き、干物、そしてワックスを茹でこぼしたうえで、オリーブオイルで煮返しシーチキン風などにしてみた。加熱すると脂が抜けて、体積が3分の2ぐらいになってしまうが、身がしっとりホクホクとしており美味しい。特にアブラソコムツはその見た目から「マグロのゾンビ」などと言われることがあるが、シーチキンにすると身がほぐれやすく、味もマグロそっくりになった。

結果として刺身と合わせるとそれなりの量を食べてしまったが、それでも全体の5分の1程度しか消費できていない。これは先が思いやられるなぁ……と思っていた、その翌日。

会社で仕事をしているとにわかに便意が訪れ、トイレに駆け込むと、便器の中に浮いていたのはまるでラー油のように真っ赤な液体油。しかもまるで機械の潤滑油のような工業的な臭いがするのだ。このような油が出てくるということは話に聞いていたが、実際に見るとその強烈な見た目にショックを覚えるほど。一方、腹痛的なものは一切起こらず、また便意もはっきりとしていたので「まあ毒があるわけでなし、都度トイレで出せば問題なかろう」という程度に思ってしまっていた。

悲劇はその後に起こった。終業時間も近くなり、仕事の仕上げに掛かっていたときのこと。突然お尻のあたりが温かくなり、ズボンがぷーっと膨れだしたのだ。

一瞬「？」となった後、「あ、今、オレ死んだ（社会的に）」と確信した。卓上鏡を見ると、すべてを悟り、諦めたような安らかな顔の自分がいた。

そう、先ほどの便意はあくまで便によるもので、ワックスによるものではなかった。ワックスにとっては、自分たちがお尻から出られさえすれば、ご主人の意識などどうでもよかったようだ。その登場方法も、ネットでよく言われる「とろーり」というものではなく「ぶしゃーっ」という擬音が近い。シンプルに言うと決壊という感じである。ぼくはよりによって職場で、就業中にうんこ（ほぼ油だが）を盛大に漏らしてしまったのだ。

とあるサイトで、バラムツやアブラソコムツを食べ、意図せずお尻から油を漏らしてしまったことを「失格」と呼んでいるところがあったが、あれはアングラーとして失格なんではなくて人として失格という意味だったんだなぁ……などとくだらないことを考えていた。あの時ぼくは間違いなく地獄の入り口にいた。

しかしここからぼくは奇跡の連続で驚異のリカバリーに成功したのである。

まず自分はその当時、自転車の乗りすぎで前立腺炎を患っており、ビニール製のU字クッションをお尻に敷いていた。そのため会社の備品であるところの椅子を汚さずに済んだ。また、ワックス自体の粘性がかなり高く、また履いていたのがスラックスでなくジーパンだったため、臭いも外部に漏らさずに済んだ。終業間近のため社内の人が少なく、気づかれる心配もなかったこともあった。

さらには、自分は基本的には社内で編集作業をしているのだが、クライアント訪問のための着替えのスラックスを会社のロッカーに入れていた。

というわけでそれからの行動は早かった。U字クッションをビニールに入れ、スラックスを持ってトイレに駆け込み、ジーンズとパンツもビニールにぶち込み、ウォシュレットでお尻を念入りに洗い、丁寧に拭きあげたうえでスラックスを（ノーパンで）履き、何食わぬ顔でトイレを出てビニールをゴミ箱にダンクシュートした（ここまでたったの3分）。これにより、誰にも気づかれぬまま死の淵からの生還に成功したのだった。

その後ぼくはそそくさと退社し、駅前の薬局でおじいちゃん用のおむつを購入、駅のトイレで履いてようやく安寧を得ることができた。翌日からもしばらくはおむつを履いて通勤し、「あの人ちよっとお尻膨れてない？」という周囲の心の声（幻聴）におびえながら過ごす羽目になった。

というカンジで僕はなんとか現在まで生き永らえているのだが、この話をすると「オレも食べてみたい！」という人が驚くことに何人も名乗り出た。悪いこたぁ言いません、やめといたほうがいいですよ。なんせホントに、自分の意志とは全く無関係にワックスが出るのだ。食べたら数日はおむつ履いて過ごすことになる。それなら養殖ブリを食べたほうがいい。ブリのほうが間違いなく美味しいし。

（社会的な）致死量は体質によっても変わり、人によっては何切れ食べてもお尻から油が漏れないという人もいるようだが、自分がどんな体質なのかは、実際にワックスを摂取して、それがお尻から出てくるまで全く分からないのだ。ぼくはこれまで脂の強い食事をしてもおなかを壊したことはなかったのだが、今回は見事に〝失格〟した。韓国やデンマークの人がどうやってこのワックスに対処しているのか分からないが、流通しないということにはやはりそれなりの理由があるのだ。

ネットでも美味しいと煽る記事はあふれているが、実際に大変な目にあったという体験談は少ないようなので、同じ轍を踏む人が現われないよう恥を忍んで書かせていただいた。まあ、もう会社でも笑い話にしてるからいいんだけどね（涙を拭きながら）。

Accident File 109.

ツキノワグマ！

動こうにも身体が固まり動けない。腰につけている護身用のナタにも手が届かない。生暖かいズボンの感触。私が格闘できるのはタヌキが関の山だ……。

体験者　川嶋学（カワシマママナブ）

東京都葛飾区在住。東北地方や霞ヶ浦周辺のタナゴ釣り場を巡り、都内のタナゴ釣り場である水元公園の近所に越してきたほどのタナゴ好き。日本たなご釣り倶楽部理事。

まさに森のクマさんに
出会ってしまった！

初夏になるといつも思い出す、あの釣行。あのといっても楽しいとか嬉しいとか、大きい魚が釣れたとかそんな思い出ではない。30年近く前、東北地方に住んでいたときに10歳ほど年上の会社の先輩と2泊で渓流釣りに行ったときの話だ。この先輩、大学時代は山岳部に所属し体格がよかった。山岳部だけにザイルワークや山岳地図の読み方も詳しく、華奢な私にとっては山の案内人にして用心棒的な存在だった。ただ、山には詳しいが釣りに関しては全くの素人。

そんな先輩が家族でキャンプへ行くことになり、息子さんがイワナを釣りたいと言い出したことから、釣り経験者の私に話が回ってきた。当時、先輩は課長で新入りの私は「ハイッ！」と言うしかなかった。面倒くさいが、私自身まんざら嫌でもなかったのは先輩の奥様が小柄で凄い美人だったから。どうしてこんなゴリラのような旦那と一緒になったのか。まあ給料だろうな……釣りの話に戻そう。

ただし、私は生まれ育った場所には清流があったというだけで、好きな釣りは池や沼でのフナ釣りでウキを見るのが釣りだと思っていた。それでもふたりにイワナを釣らせて奥様にイワナ料理をご馳走すればあの優しい笑顔が見られると思い、近くに温泉もトイレもある手頃な川をチョイス。イワナ釣りなど詳しくもなんともなかったが、事前に地元の知り合いの釣り好きに連絡をして詳しくポイントを聞いていたので、息子さんは一投目から20㎝ほどのイワナをキャッチ！　初めて見るイワナに感激した息子さんは写真を撮ったりスケッチしたりと満面の笑み。うん、息子さんは奥様似で可愛い。一方、先輩はバラシまくり。反射神経がいいのかアタリがあるとすぐアワせてしまう。

それでも楽しかったようでその後も頻繁にイワナ釣りに行くようになり、そのたびに私はお供させられ、なぜか奥様に嫌われていくのであった。

2シーズンが過ぎると、山男の血が騒いだのか先輩は源流のイワナが釣りたいと言い出した。私は登山道から近い安全な渓流釣りしか経験がなかったので不安を口にしたが、「そんな危険なところじゃないから大丈夫」と言う。山に詳しい人が言うなら安全なのだろうと思い、初の源流釣りへ行くことになった。先輩が選んだ釣り場は山形県八久和川。しかも2泊3日である。ただし、本番前に1泊2日の訓練釣行をするという。私の貴重な5日間の休みが……。訓練日の朝、先輩の車のトランクの中にはザイルやヘルメット、ハーネス、食料がたくさん積まれていた。「これリュックに入れるの？」と聞いたら「リュクじゃなくバックパックだ」とのこと。何から何まで面倒くさい。

重い荷物を背負わされ、体力のない私はフラフラになり水場で休憩。先輩がコーヒーを入れてくれた。これが美味しかったのを今でも覚えている。先輩が用を足している間、リュックを持ってみたら私の荷物とは明らかに重量が違う。体力のない私に負担をかけないようにと気遣ってくれていたのだと感謝した。

ベースを見つけ設営が終わり、釣りを開始すると一投目から尺上のイワナ。先輩は相変わらずバラしていたが、ふたりで6尾ほどキープして納竿。ベースに戻りイワナは刺身と味噌焼きと塩焼きに。先輩は重いリュックをゴソゴソ。水分補給だと言いながら一升の日本酒の紙パック2本と、2

リットルはあろうかという巨大なビア樽を取り出してゴクゴク……。

下戸の私は、この山中までそんな重たいのを背負ってまで飲みたいのかと呆れた。しかも「飲めば帰りの荷物が軽くなる」と笑っている。私のリュックは行きも帰りも重量が変わらない。いや、ザイルが水を吸って重くなるかも。重い荷物を背負ってくれた感謝の気持ちはあっさりと消え去ってしまった。

そこからひとしきり語り、食べ、飲んで笑って上機嫌の先輩は満足して「寝るぞ」と言ってシュラフに潜り込むやいなや大イビキ。これがまたうるさい。目を閉じるが眠れない。

しかも風なのか獣なのか、ガサガサという葉のすれる嫌な音が聞こえてきて急に怖くなってきた。こうなると神経質な私は眠れない。結局明るくなってきた。遅くに起きてきた先輩に「早起きだね」と言われたので、「イビキで眠れなかった!」と強く言うが、笑いながら「そんなの気にするな」と。そして白い歯を見せて、「この辺りにはクマが出るからイビキで撃退していた」とのこと。どこまで自分勝手な人なのか。

帰りの時間も考えて、11時には車に戻れるようにと話をして出発。30分ほど歩くと雪渓が見えてきた。雪のトンネルの素晴らしい光景にワクワクしてそのトンネルに入ろうとした時、「そこに入るな!」の大声で立ち止まった。意味もわからず山側に戻り雪渓を迂回し、崖下に川を見ていたらドドーン、バシャーンと静かな山にこだました。雪渓が跡形もなく崩れ去ったのだ。私はヘナヘナと座り込む。自分ひとりなら間違いなくあの雪渓にのまれていた。やはりこの人は素晴らしい人なのかも……。

予定より少し遅くなったが昼近くに車へ戻る。助手席の先輩はナビゲーターを務めてくれる。車中では雪渓のお礼を伝えた。すると「家に帰るまでが釣りだから安全運転で行けよ」と声をかけてくれ、「疲れたら運転変わるよ」とも言ってくれた。途中の商店ではタバコを買いに行った先輩がコーラを差し入れしてくれた。グイッと飲むと元気が出たが、助手席でもプシュー。あれ、音が違う。あ、缶ビールだ！　運転変わってくれるどころか、一気に飲み干して大あくび。訓練でこれなら来月の2泊3日の本番はどうなることやら。

それから数週間後、いよいよ源流チャレンジ本番の日の朝。先輩宅のチャイムを押すと、インターホン越しの奥様の声が低い。風邪でもひいたのかと思ったが、車に乗り込んだ先輩いわく「今日は妻と出掛ける約束をしていた。お前に無理やり釣りに誘われたことになっているから」とのこと。この酒飲みが！　どうせ酔って奥様に適当な返事をしたのだろう。こんなことが度々あって奥様に嫌われていくのだ……。

助手席の先輩は「秘境の地へいざ出発！」などと自分勝手な発言をして盛り上がっている。向かったのは山形県真室川町の鮭川上流。高坂ダムのバックウォーターを過ぎ、アスファルトが砂利に変わり、そのまま林道を車止めまで進み、駐車する。まずはこの近くの平らな場所を見つけて1日目のベースを設営。山岳地図を見て打ち合わせをしながら夕飯を食べ、車にある大量の酒の中から本日の酒をチョイス。ちょうど大きな仕事が無事に終わったタイミングだったため酒を多めに持ってきたようだ。本当にフルパワーで仕事をする人なので溜まったストレスを酒で発散するのだろう。

宴が終わると明日に備えて就寝だ。私は一緒のテントで寝るのは前回で無理だと思ったので車で寝ることにした。うん快適。熟睡し過ぎて3時前に目が覚めた。いつものようにコーヒーの準備をして4時に先輩を起こしにテントへ。「起きて朝だよ」「わかった。起きる」と言って、またイビキ。5時になるとだんだんイライラして「先輩！　起きて！」と大声を出したが二日酔いで起きない。こりゃダメだと思い、自分ひとりで釣りに行くことにした。これが大きな間違いであった。

釣りの支度を終え、川に入ろうと思った時、林道からスーパーカブに乗ったオバチャンがやってきた。挨拶をすると、そのオバチャンは川沿いの竹やぶにタケノコをとりに行くところだそうだ。私は川へ、オバチャンは竹やぶへ進んで行ったが、どちらも川沿いにいるので「釣れたかい？」という声が聞こえ、私も「タケノコはありましたか？」などと声を掛け合っていた。

少し釣り進んだところの竹やぶからガサガサと笹が揺れたので、私はオバチャンに「タケノコはどうですかー？」と少し大きな声で呼んだが返事がない。川の音で聞こえないのか、もしくは集中しているのかと思いながら川沿いを歩き出したそのとき、またも竹やぶがガサガサと揺れた。そして葉の切れ目から登場したのはオバチャンではなく、四つ足で歩くクマだった。私は川を歩いていたのでクマも一瞬気付かなかったが、その後、私の視線に気づいたようでこちらを見た。お互い見つめあった。その距離、5～6m。すると突然、クマが後ろ足で立ち上がり手を上げた。当然のごとく胸には三日月のトレードマーク入り。あー終わったな。俺はこんな所で死ぬのか。動こうにも身体が固まり動けない。くわえていたタバコがポトッと落ちた。腰につけている護身用のナタにも手が届かない。

まるで学校の先生に怒られ廊下に立たされたかのように直立不動の私。クマがチラッと釣りザオに目をやった感じがした。そして何故かわからないがクマは四つ足に戻り山の奥へ消えていった。意識はあるが身体はまだ動かない。恥ずかしながら失禁もしていた。ブルブルと震えが止まらない。なんとか落ち着こうと胸ポケットに手を入れてタバコを取り出すが、手が震えてライターに着火させられない。なんとか気持ちを整えながら震える身体でベースへ戻る。川から山道に上がった所で座り込み、生暖かいズボンを見つめ「生きててよかったぁ」と呟いた。

これまでテレビ等で恐怖のあまり失禁するシーンを見て笑った自分がいる。ニュースでクマと素手で格闘した話も聞いたが、私には到底できないと思った。格闘できるのはタヌキが関の山だ。言うまでもないがこの日の源流釣行は中止。寝起きの先輩と共に帰路についた。

それから程なくして私が退社し、その1年後に先輩も退社。お互い違う環境になり、会う機会が少なくなった。

ちなみにこの日、途中で立ち寄ったお店のご主人にクマと遭遇した話をすると「あなたがクマに会ったのではなく、クマがあなたと会ったんだよ。それから、釣りザオを持っていたから助かったんじゃないか」と言われた。そのとおりだと思う。冷静に考えれば、クマなどの獣の領域に私が足を踏み入れたのである。しかも自分勝手に単独行動を取ったことも大きな間違いであった。

Accident File 110.

アカエイ!

堆積した泥の中に沈み込んだ瞬間「ドスッ!」という衝撃とともに右足に激痛が走った。それから7年経った今でも刺された傷を触ると痛むのである。

体験者 **安藤克宏（アンドウカツヒロ）**

茨城県県南部在住の39歳。海のルアーフィッシングから湖沼の小ものまで魚釣りが大好きなサラリーマンアングラー。離岸流に飲まれて沖合500mほど流され生還した経験もあり。

そのときの傷。1ヵ月毎日通院をして消毒してようやく傷は塞がったが、7年経った今でも傷を触ると痛む

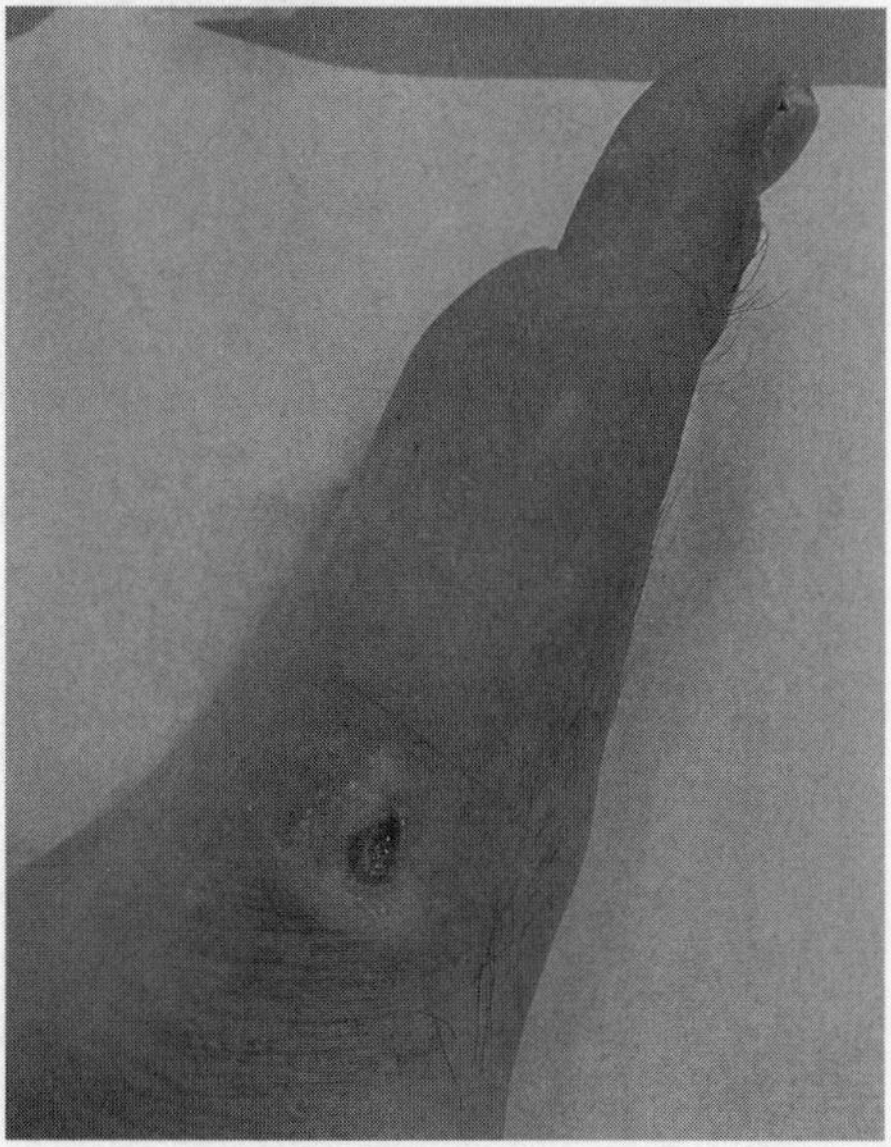

私はとにかく釣りが大好きで、それこそ暇を見つけては釣り場に通う「釣りバカ」である。特にシーバス釣りが好きで、中でも水の中に立ち込むウエーディングスタイルで釣ることが多い。ウエーディングの魅力はシーバスとの距離感が近く、ファイトがとても楽しくなること。そして水に入ることで水温や流れを感じられ、より自然が近くなるからだ。

私の通う利根川下流域は、まだ護岸されていない自然な地形も多く残るところ。よく釣り仲間からも「なんでウエーディングするの?」と聞かれるが、前述の理由のほかに、こうした護岸されていない岸辺では、ガマやアシが身の丈以上に生い茂っており、水に入らないとロッドを振ることすらままならないというのも理由のひとつである。

さて、近年はよく異常気象という言葉を耳にするが、その年もそうであった。今から7年前の暑い夏のこと。夏と言えば「夕立」が定番だが、その年はそれが全くなく、それどころかまとまった雨すら降らない状況だった。私の通う茨城県波崎エリアは河口から15kmも上流の汽水域ながら塩分濃度も高い状態で渇水気味だった。

そんな中での釣行で「死ぬかもしれない」体験をしたのである。猛暑日の夕暮れ、釣り仲間とふたりで通い慣れたいつものポイントにエントリーするべく駐車場所へ車を止め、ワクワクしながら準備を整え、まだ気温が下がらない砂利道をポイントへ向かい15分ほど歩いて目当てのエリアに到着。そこからさらに50mほどヤブ漕ぎをして入水ポイントへ進む。

辺りはもう暗くなっているのに外気温は30℃と蒸し暑く、だらだらと噴き出してくる汗を拭ってからゆっくりと水の中へ入っていく。釣友はひと足先にエントリーを済ませた。満潮から下げのタイミングでの釣りを考えていたが、渇水気味のためか潮位が低く、いつもより沖に立ち込まなければ浅すぎて釣りができない。そう判断し、摺り足でゆっくりと進んでゆく。摺り足で歩くのは見えない障害物につまずいての転倒防止や危険なエイを踏まないためである。

水が少ないせいか流れもほとんどなく、ボトムにはスネの下ほどの高さまで泥が堆積していた。泥が溜まっているため「歩きにくいなぁ」と思いながら少しずつ歩を進めていく。普段は水中にある足先に神経を集中させてつま先の感覚を頼りに移動しているのだが、この時は泥に感覚を遮られ普段より雑な歩き方になっていたのかもしれない。

前進を始めて10mほど進み、右足が堆積した泥の中に沈み込んだ瞬間「ドスッ！」という衝撃とともに右足に激痛が走った。一瞬何が起きたのか判らず『落雷？』『なんか鋭利な物でも踏んだか？』などと考えたが、すぐに「エイ」に刺されたのだと自覚した。

しかし、ここは身体の自由が利かない水の中。しかも股上まで浸かっており、泥底のため非常に歩きにくく、思わずよろけて水中に転倒してしまった。ライフジャケットを着用していたので溺れることはなかったが、「これマジでやばいかも」とパニックになりかけた。が、火事場の馬鹿力で無事な左足一本で態勢を立て直し、全身びしょ濡れになりながら近くの岸辺を目指して這い歩き、何とか岸辺に上陸した。今考えてみても、本当によく戻ってこれたなと思う。しかも釣り人の性で、手に持ったロッドを決して手放すこともなく。

岸に上がったことで改めて冷静になると、冷や汗が止まらない。激痛の右足を見てみると、ウエーダーのブーツに10㎜ほどの穴が開いていた。やはりエイに刺されたようだ。エイに注意して摺り足で前進していたにもかかわらず泥の中に潜んでいたエイに刺されてしまったのは「不運」だったのか、それとも「油断」か……などと考えつつも、何とかして車まで戻ろうとしたが、目の前には背の高いアシ原が立ちはだかり、そこを越えても車まではさらに1・5㎞の道を歩かなくてはたどり着かないのだ。もう右足の足首から下は痛みで動かせない状態で、少し触るだけでものすごく痛い。立ち上がることすらできそうもなく、膝をついて四つん這いで進もうとしたが、とてもじゃないが無理だった。その時、なかなか姿を現わさないことに異変を感じた釣友がここまで戻って来てくれたのだった。

事の顛末を説明し、釣友に肩を貸してもらい足の痛みに堪えながらようやく車まで戻ることができた。ウエーダーを脱いでみると靴下が真っ赤に染まっていたので、「これはまずいなぁ」と思い救急車を呼ぶことになった。とりあえず釣友に車を運転してもらって付近のコンビニまで運んでもらい、そこから緊急搬送されたのである。この時点で私は「まあ傷口を塞げば大丈夫だよね」などと軽く考えていたが、そんな都合よくはいかなかった。

病院に着いて、まずは傷口の洗浄と消毒をしてもらい、その後は解毒のため抗生物質を点滴。「あれ、傷口は塞がないの？」と思ったが、患部を包帯でぐるぐる巻きにされ、その日は帰宅していいとのこと。

しかし、家に着いてもあまりの痛みにより一睡もできなかった。翌日に紹介状を書いてもらい地元の大きな病院へタクシーで向かい専門医に診察してもらうと「即入院」となった。診断結果は「右足側甲部刺創」。精密検査を行なうと、傷口から入った雑菌で破傷風の一歩手前になっていると言われる。白血球も普通の人の3倍に増えていて、痛み止めの薬で身体の感覚がおかしくなっていて気付かなかったが、発熱もしていた。入院後3日間は39℃の高熱が続き、痛み止めを飲んでも足の痛みのせいで眠ることもできなかった。

その後、薬と点滴でやっと発熱は落ち着いたが、足の痛みは消えず、エイに刺されてから5日が経っても右足は「プライヤー」でギュッと掴まれているような痛みが残っているのだ。しかもすごく腫れている。捻挫か骨折したかのように腫れている。原因は傷口付近の炎症で、これはエイに刺されたことによるアレルギー反応とのこと。さらに、傷口内部に溜まった「膿」。雑菌により傷口が化膿し膿が溜まっていた。傷口を縫合しなかったのは、膿を出しやすくするためだったようである。患部を絞り込んで膿を出す時は思わずうなり声が出るほど痛かった……。

結局、2週間も入院して、ようやく足をついて歩けるようになった。さらに1ヵ月毎日通院をして消毒してもらい、ようやく傷は塞がった。しかし、あれから7年経った今でも傷を触ると痛む。私の場合は傷口から雑菌が入るという複合要因だったが、エイに刺されるときは水の中なので、だいたい同じような事態になると思う。

自分の場合はエントリーしてすぐの出来事で仲間が助けてくれたのでこの程度で助かったが、さらに沖の深場や流れの強いところで刺され、しかも単独だったら……と思うと冷や汗が止まらない。

私自身はその後も相変わらずウエーディングの釣りを楽しんでいるが、当然ながら単独釣行は避けている。また、エイに刺された時はエイガードを装備していなかったが、この出来事があって以来エイガードは必ず装備している。

幸運にもその後はエイに刺される事態は発生していないが、装備しているという安心感はトラウマ克服に絶大な効果を発揮している。

Accident File 111.

ガソリン！

若い頃から磯へ渓へと無茶な釣行を繰り返し、布団の上で死ねる気はしていないが、それでも自分が注意していれば危険は大抵避けられる。しかし借りたボートではそれも難しい。

体験者　津留崎義孝（ツルサキヨシタカ）
福岡県在住。ロッドビルダーでありルアーデザイナー。半世紀にわたっておもにソルトルアーフィッシングの世界を開拓し続けているカリスマアングラー。

セルモーターが回ってエンジンに点火していたら……（写真はイメージです）

布団の上で死ぬ気がしない。まあ、水辺での危険は基本的にしょっちゅうすぎるのだが、いまだにこうして原稿を書けるということは最後の一線を越えてはいないのだろう。基本、我々は自然の中に身を置き、その中で狩猟を行なっているわけで、直接的に魚から命をねらわれなくても命に係わることは頻繁にあるのは間違いない。死にそうというより死ななかった肝の部分は冷静な分析が若干のブレーキになっていたともいえるのではないかと思う。大抵の場合、痛い目に遭うのにはそのあたりが雑に考えられている時がほとんどである。もしくは無作為な外的要因に遭遇するぐらいだろうか。いずれにしろ己の傲慢さはこの手の話の中心にある。

私の釣りの性格上、危険な目にあったことはいろいろあるだろうと想像する人は少なくはないと思うが、実のところあんまり危険らしい危険を感じたことはここ20年ほどない。そこでちょっとだけ昔の話をしようと思う。

沖縄の与那国島に長期滞在していた時の話。6月になると台風がどこそこにできるわけで、どなんの島(断崖に囲まれて渡るのが難しいため渡難の島と呼ばれる)にも当然ながら波が押し寄せる。まあある程度観察して磯に入るのだが、潮汐による沿岸流が打ち寄せる波やウネリを消していた場合、それが止んでしまうと大波が打ち寄せる荒磯に代わる。当時、下げを目安に磯に入っていた。下げ方向には波が落ち着く傾向にあるからだがその日は若干違っていた。波の雰囲気というかトルクが違うのだ。さすがに万が一を考えて水面から8mも上の、山の形をした岩の上から釣りをしていた。

まあ、魚もバカではないので、時折目の前の水が引いて地面が思いっきり見えるような磯にいるわけもなく、釣れない時間が過ぎていく。風はそこまで吹かずただ波が高いだけなのでルアーはとりあえず水に届くのだが魚は釣れなかった。それをしつこく継続していると、潮が緩んだのかな？と思っていたら、突然自分が乗ってる岩とほぼ同じ高さの波が来た。サオを足で踏んで両手で岩のくぼみをつかんで一回目の波をやり過ごし、それが引くか引かないかのタイミングを読んで地面まで斜面を滑り降り陸側へ全力疾走。それで何とか助かった。

波を見ていたのは運がよかった。これでよそ見していたら終わっていた。磯の釣りにおいて先端部というのはある意味パラダイス的期待があり、泳いでても渡ろうとする人もいる。だがどの時点で安全か危険かという見積もりが甘いと洗濯機に放り込まれたような状態になる。そこは気を付けないといけない。私も若い頃は岬の先端部で腰の高さの波をやり過ごすことも多かったが、一歩間違えばエライことになっていたはずだ。

落水といえば渓流も怖い。場所の新鮮さが勝負という川では、釣り人の踏破力＝釣果ということになりやすいが、人が行かないのには理由があり、その意味を理解することが必要だ。

6m程の滝のすぐ横の垂直の壁を登っていたときのこと。ブラインドタッチで登らなければならない状況で、あと1mで登りきるあたり、もう滝の落ち口が見えるところでヘビさんを握ってしまった。噛まれなかったけどそのまま滝壺へ。水面から2mほど沈んだがそこから水面に上がるまでが地獄だった。泳ぐために落ちたわけではないので空気もろくに吸っておらず、海水と違って浮き上がりも異常に遅く、もう少しで溺れるところだった。まあ近年はライフジャケットを真面目に着用しているし、ちゃんとロープも装備している。

渓流ではスズメバチも恐ろしい。台風や洪水がなかった年に30mぐらいの川を上って釣っていた時のこと。川の真ん中にトップ5mほどの高い岩があってそのすぐ横の高さ2mをすり抜けるコースを歩いていた。自分は先行していたのでその2mほどの岩によじ登って5mの柱状の岩を左手に触る位置に立って上流の渓相を見た。真横の岩の模様は花崗岩のはずなのだが、周辺視野に映るのは銭模様……??　真横50cmを見ると1mほどに垂れ下がったキイロスズメバチの巨大コロニーで、それを見た瞬間、後ろの水面にジャンプした。後ろから来ていた相棒はびっくりしていたが説明すると納得。もし巣の入り口が川の上流側でなく私が立つ方向だったら終わっていた。以来それらしい環境の場所は必ず用心するようにしている。

そんな経験の中でもこれはやばかったねというのが次の話だ。

離島に住む友人の船を借りて休みに釣りをしようとした時のことだ。島に渡って友人と会って話をすると、最近、自船のタンクからガソリンを抜かれている事件が多発していると毒づいていた。24フィートに80馬力のエンジンが付いたボートなのだが、ガソリン100リットルを入れたあと数日でなくなっていたとのこと。まあ誰が取ったみたいな下衆な話になったのだが、今度は私が借りるため、さらに100リットル入れたという話を聞きながらカギを受け取った。

翌朝、船に乗り込んでメインブレーカーを入れて船室のカギを開けると、ガソリンの匂いがした。

知ってのとおりプレジャーボートの船室とは大抵油臭いもので、匂うなーぐらいな感じだったが、換気しても匂いはやまなかった。室内ブレーカーを入れて4、5回エンジンセルモーターを回してみたがどうもおかしいので友人に電話してみる。

同船者にはタバコを消すように言い、船底のバッテリースペースを開ける。すると、なんとバッテリーの半分までガソリンがヒタヒタの状態……!

つまりガソリン泥棒などおらず、ステンレスのガソリンタンクに電蝕で穴が開いて船底に200リットルものガソリンが漏れている状態だったのだ。まあ火花一発で人生が終わっていたという話である。

実はこの他人から借りるボートの話には続きがある。

クロダイのトップウオーターゲームの取材で、友人の友人という間柄から伝馬船を借りることにした。朝に栈橋で待ち合わせして、持ち主から受け渡されるとき、持ち主の親父さんに当たる人が来て「このガソリンも使え」とタンクに注いでくれた。

調子よくエンジンを回しつつ気に移動。瀬戸に面するワンドでクロダイ釣りの取材をしていたら、連れのカメラマン兼運転者が「エンジンが掛からない」と言い出す。

そんなはずはない。朝に満タンだったのにまだ20分も使っていない。あーでもない、こーでもないと言っているうちにボートが瀬戸の急流の本流に近づいてきた。その流れはアトラクションの激流川下りの一歩手前みたいな感じである。それが延々と5kmぐらい続き、それ以降は大海原になるので最悪遭難だ。

伝馬船のためオールもなく、水棹を漕ぎまくって何とか湾内へ戻ることに成功。そこから友人に電話して1時間後、もうすぐ桟橋が見えるあたりで他船に曳航してもらって何とか救助してもらったのだ。

港に着いてメカニックを呼んでエンジンをばらして2時間すったもんだしていると、メカニックが「?.?.」という顔している。燃料を調べたらガソリンが半分で、残り半分は水だった。

あの爺!!って話だが、ワザとなのか、単にボケてたのか、そこには触れてはいない。水を燃料として走る車は存在するようだが船はまだのはず。まあ、他人にものを借りるときは基本自己責任という話である。

長らくこの道を歩いて思うのは、オフショアの場合、船が大きかろうが小さかろうが事故に遭えばかなりの確率で死ぬ目に遭うということだ。遊漁船やプレジャーボートなどわりと緩い気持ちのまま他人任せで釣りに行っているが、沖側での事故は死に直結する可能性があると考えなければならない。

実際、遊漁船であってもいろいろなトラブルも多い。一番多いのは海中の浮遊物がプロペラに巻いてしまう事故で、これが原因の漂流はかなり頻繁に起こる。大型船でも1時間漂流するとかなり精神的には堪える。沖なら何とかなるが狭水道や岸際でやるとかなりハラハラする。伝馬船レベルなら自力で何とか漕ぐこともできるが、大型船舶の場合は何人乗ってても漕ぐ道具がないので移動不能である。また、プロペラの脱落や船外機だとプロペラ元部のゴムブッシュの剥離が起こると当然航行不能となる。こうした事故も実は海外含め3、4回経験している。それも1回は、オーストラリアの電話も通じないワニがうじゃうじゃの川にボートを浮かべてから500ｍでエンジンの燃料噴射の基盤のコンピューターがぶっ飛んで漂流した。下流に1㎞流されたが運よく満ち潮に変わって元のスロープまで棒で漕いで何とか帰れたことがある。プレジャーボートの場合は、アンカーロープに食料と水は余分を持ち余らせるくらい持っていくほうがよい。カヌーやカヤックや免許不要エンジンボートは下手すれば死ぬという認識を持つことが使用の前提条件だと思う。

Accident File 112.

スズメバチ！

アマゴ釣りに一緒に出掛けた仲間がスズメバチに襲われ、顔や頭や手を刺されまくった。まさか、それから10日も経ずして彼と同じ恐怖と痛みを味わうことになるとは……。

体験者　春名久雄（ハルナヒサオ）
奈良県五條市在住。渓流釣り歴45年。奈良県南部の渓流河川はほぼ網羅。現在、有志と「梨の花農園」を運営。白い梨の花のまちづくりを夢見て丘に上がった渓流人。

スズメバチの活動時期は長く、被害は11月まで続くから山に入る際は注意したい

友人のY氏と十津川村に釣行した時のことを話そう。夏も終わりにさしかかりつつあった頃だ。湯の沸く河原に張ったテントを暗いうちから畳み、目的の渓谷に車を走らせた。川筋を走る明け方の冷気に包まれて僕らは渓に入る。上流部にそびえる山の頂付近が朝日を浴びて輝き始める。Vの字に切れ込んだ谷底はまだうす暗い。辺り一面に沈んだ影の中で、いよいよ釣りの仕掛けの準備を始める時、それは僕たちにとって一番心ときめく時間なのだ。

Y氏と僕は渓を上下に分けて釣り歩く。Y氏がサオをだし、しばらくして最初の1尾を釣りあげるのを確認してから、僕は渓沿いの林道を彼の車でさらに奥に向けて走らせる。林道の終点付近で車を停め、そこから上流部を僕は攻めるのだ。Y氏は先ほど入渓したところから川を遡上し、この場所にたどり着くことになっている。約束の時刻は午前10時だから、たっぷり時間はある。

快晴、水量はやや渇水気味。そんな状況からすればできすぎの釣果であった。25㎝クラス2尾を含む20尾余りの良型アマゴを手にすることができたのだから。この分なら彼もけっこう釣っているだろうな、などと想いを巡らせながらサオを畳み、待ち合わせの場所へと山道を下っていった。

緊張感がほどよく抜けていくと今度は腹の虫が騒ぎ出した。弁当のことを考えながら足を速める。車が見えた。車は場所を移動して影のある場所に停まっている。彼がすでに戻ってきていることが分かる。太陽はすでにからりと晴れた空の中心付近に陣取り、じりじりと山を焦がしている。標高のある山中とはいえ、直下に陽射しを浴びた車の中は蒸し風呂のような有様になる。先に車に到着した彼はたまらず日陰に移動して僕を待っていたのだ。

再会後に釣友と交わす言葉は決まっている。

「どうやった?」

窓を全開にして座席にもたれかかっているY氏に声を掛けた。「まあまあや」。返ってくる言葉もたいがいそんなものだ。が、返事がない。あれ、あかんかったんか? そう聞き返そうとすると、思わぬ言葉が返ってきた。

「やられた……」

「えっ、何?」

「ハチ……スズメバチ」

全く予想外の返事にとまどいながら彼を見ると、ぐったりとして元気がない。ど、どないしたん!

ここからY氏の話が始まる。

僕と別れて2時間ほど経った頃のこと。たて続けに良型アマゴを魚籠に収めて自然に笑みがこぼれていた耳元付近に、移動する小さな黒い影があった。と同時に、その耳は戦闘機のような羽音を聞いた。「ハチ!」と思うが早いか、続けさまに頭部を刺された。激痛にサオを捨て、右手で頭を押さえ込んだところ、今度はその手の甲を刺された。そして逃げた。

岩の隙間に身を伏せる。逃げる途中にさらに顔面を刺された。空中に舞い続けるハチの羽音を聞きながら、自分に起こっている現実を理解し始めた。理性的であろうとすればするほど、一方で、自分は今、死の危険と対面しているのではないかという怖れを感じた。

痛みはますます激しくなってきたが、それより一刻も早くこの状況から逃げ出したい思いだった。サオをその場に捨てたのは覚えているが、帽子や、それに眼鏡まで置いてきたのはなぜだろう。まだ頭上に飛び交うハチの群れにおののきながら、それらの遺物を取り戻し、やっとの思いでその場から脱出。林道まで駆け上がった。車にたどり着くまでの時間がなんと長かったことか。

クーラーボックスの氷水にタオルを浸して患部に押し当てていると痛みもいくぶん和らいできたようだ。しかし、そのうち全身に鳥肌というのか湿疹が現われ、手足の末端がしびれてきた。どうも目も霞むような感じがする。鼻と唇が異様に膨れあがり顔いっぱいに広がったような妙な気分だ。つい最近も身近な事件として、ハチに刺されてショック死した人を知っていたのであれこれ考えないわけでもなかったが、ショック死は刺された直後に起こると聞いていたし、すでに相当の時間が経っている自分は生命の危険だけは免れたようだと、不幸中の幸いと理解して自らを慰めていた。

先ほどまでのしびれと不快な気分も徐々に失せて、なんとか落ち着いてきたところに、楽しい半日を過ごした元気な僕が帰ってきたという塩梅である。まさか、それから10日も経ずして彼と同じ恐怖と痛みを味わうことになることも知らずに……。

1984年（昭和59年）はスズメバチ惨禍の年であった。スズメバチに刺されて亡くなった人が全国で75名にのぼり、NHKは「恐るべきスズメバチの実態」という特集番組まで放映した。その前年には、僕の住む町や隣町でも死者が出た。Y氏は聞きかじりの情報から、被災し死に至った者のすべてが刺されたショックと急激なアレルギー反応で即座に気を失い、短時間のうちに命を落としたものと思っていた。

しかし、事実を詳しく聞いてみると、失神までに多少の時間があり、「寒い」「目が霞む」と訴え、身体への外部症状として湿疹が現われるケースもあったようだ。とすれば、Y氏の身体に表われた湿疹と悪寒、しびれや目の霞みという症状は、ひとつ間違えば取り返しのつかない命にかかわる状況であったということだ。Y氏も後からそのことを聞き、あらためてハチの怖さを知ったと述懐している。あとひと月も釣期を残しながら「もう、サオを納める」と宣言したのも身に染みた痛さのためばかりではなかったのだ。

このハチ事件があって1週間を少し過ぎたある日。僕はといえば、もうすっかり先の出来事を忘れて、禁漁期までの残された時間を惜しんでせっせと渓流に通い続けていた。西吉野村（現・五條市）のとある小さな支川は、僕のホームグラウンドのひとつであった。雨が降り、水が出ればとにかくよく釣れた。普段は全く魚の影もないのに、雨の後は魚が水底から湧いてくるのではないかと思えるような不思議な渓であった。その日の僕は、夕方の4時頃入渓し、日没までの数時間を楽しむ予定だった。

数日前の強い雨も谷を流れ下り、すでに平水に戻っていたが、第一投から良型アマゴが飛びついてきた。ポイントというポイントでは必ずといってよいほど魚信があり、大漁を予感させた。すでに腰魚籠には20尾を超えるアマゴが納まっていた。

突然、目の前の朽ちた切り株付近からうなりを立てて僕をめがけ、まっしぐらに飛んでくる幾つかの影を見た。

と、そのうちの数匹が僕の後頭部に取り付いた。素手で払おうとしたその瞬間、耳たぶの後ろが熱くなった。

「ちっ、やられた」と思った時には、痛みは頭部から顔面にかけて走り抜けていた。慌てて後退し、岩陰に身を伏せた。頭上の羽音に怯え激痛に身もだえしながら、なぜか、サオと帽子、そして眼鏡を放り出して逃げてきた自分を、高いところから見下ろしているような感覚が不思議だった。

Y氏がハチにやられた時のようすを妻に話したところ、「なんで眼鏡まで置いてきたんやろうね」と問われ、そう言えばその通り、僕も同じ眼鏡人間なのだが、眼鏡人間から眼鏡を取れば手足をもぎ取られたバッタ同然だ。妻の疑問に笑って同意しながら、今度会った時に聞いてやろうと思いつつ、すっかり忘れていたのだった。

そしてその答えは彼に聞くまでもなく自分で出すことになってしまった。岩陰に頭を抱えて身を伏せる時、まず眼鏡が邪魔になるのである。岩にレンズが触れ、大切な眼鏡が破損することを怖れて無意識のうちに外してしまったのである。眼鏡族の哀しい習性か、痛みの中での泣きたいような笑いたいような複雑な気分を味わっていた。その後の僕は、まるで無知を絵に描いたようなことを真剣に行ない、後々の笑い話のネタになる。

僕は後退した後、ポケットからハンカチを取り出した。それから背と頭をかがめた窮屈きわまりない姿勢でおしっこをした。そのおしっこをハンカチにかけて痛む患部に塗りつけた。つんと鼻を突く生暖かい自分の排泄物。

「ハチにアンモニア」という旧式の方程式が脳裏をかすめ、そのことを実行したまでのことであったが、痛みは治まるどころかますます激しくなってくる。焼け火箸を当てられたようなというたとえが、実際に体験した人の感想なのかと思えるような強烈な痛みだ。

その後のことはよく覚えていない。頭をかしげて車を飛ばし、家にたどり着く頃には目鼻の区別もなく、ぱんぱんに腫れ上がった顔の僕であった。後に、アンモニアはハチ毒に何の効果もないことを知って、思い出すたびに笑えて仕方がないのだが、その時の本人は必死なのだからそれがまたおかしい。案の定、僕は翌日、職場を休むことになってしまった。

翌々日、まだ腫れの残る顔をぶらさげて職場に出るなり、「アマゴの祟り」という声が飛んできた。何のこっちゃない。みんなで寄ってたかって僕を笑いモンにしていたのだ。

その年僕は、Y氏同様再度サオをだすことはなかったことは語るまでもない。ふたたび刺されると命にかかわると知ってからは、ハチの飛影に異常に敏感になった。もちろん、スズメバチが活性化する9月に入ってからの釣行禁止は厳守している。

Accident File 113. 低体温症！

まさか南国・九州の夏の海でこれほど寒さが堪えるとは夢にも思わなかった。極限状態になると生きる気力もなくなり、私の目の前に広がったきれいな花園をゆっくりと歩き始めたのだった。

体験者　米山保（ヨネヤマタモツ）

1948年静岡生まれ。日本大学芸術学部写真学科中退。長崎県佐世保市在住。平戸、五島、男女群島の磯釣りのほか船からマダイやヒラマサ釣りも楽しんでいる。

雨と風がさらに激しさを増し、全身が震え、歯がカチカチと音を立てたのだった
（写真はイメージです）

昭和49年の釣り日記を紐解くと、7月中旬のその日は「梅雨の合間の快晴、朝から無風、猛暑」と記してある。当時私は26歳で、磯釣りを覚えたばかり。それまで魚らしき魚を釣ったことがなかった。そんな折り、職場の先輩から夜釣りに誘われたのだ。私は〝猫に鰹節〟の如く飛び付いた。

夜釣り当日、16時。私たちは渡船で平戸島（長崎県）の属島、立場島に上礁した。ここは周囲が300m強の無人島。海底から隆起した断崖は波打ち際まで灌木に覆われていた。

この日の海況は快晴、無風、ベタ凪で、猛暑を除けば絶好の釣り日和。滴る汗を拭いつつ脱兎の如く釣り始めた。すると1投目から20cm級のイサキが入れ食いとなり、時には30cm超も混じるので、磯上は盆と正月が同時に来たような騒ぎとなった。

18時過ぎ。イサキを10尾ほど釣った頃、私のサオに引ったくるような衝撃が走り、穂先が海面に突き刺さった。磯ザオ1・5号はギシギシと唸り、ミチイトはキーンと金属音を発した。それでも必死でリールを巻くと、やがて茶色の塊が姿を現わした。先輩が「アラだ」と叫びタモを入れたが、すんでのところで逃げられてしまった。仕掛けを回収するとイサキが掛かっており、魚体には肉食魚の歯型が刻まれていた。目の前で繰り広げられた海の弱肉強食は、強烈かつ驚愕的な印象だった。

その直後、渡船が来て「今夜は土砂降りになるがどうするね？」と尋ねた。先輩が「合羽も着替えもあるから大丈夫！」と応じると、船長は首を傾げながら船を反転させた。私も「まだ始まったばかりじゃないか、雨を恐れて釣りができっか！」という心境だった。それよりもアラの余韻がくすぶっていたので、すぐに釣りを再開した。ところが先ほどまでの狂騒が嘘のようにアタリは途絶え、海は沈黙してしまった。私たちは「渡船がイサキの群れを蹴散らしてしまったのだ」と悪態をついた。

19時。雷鳴とともに辺りが急に暗くなり、大粒の雨が叩きつけてきた。先輩は慌てて合羽をまとったが、私は「後で着替えるから」とサオを振り続けた。日中の暑さと、未だ興奮冷めやらぬ肉体は、土砂降りも心地良かった。

19時半。夜釣り仕掛けに切り替えたがアタリはなく、雨はますます激しく、風も出て海面がザワついてきた。すでに私は濡れ鼠。「さて着替えるか」と、ビニール袋から衣類を取り出したが、雨の勢いが強く、着替えはたちまち濡れてしまった。やむなくその上に合羽を羽織ったが、それでも「夜は大ものが釣れる」と聞いていたのでサオを振り、波間に揉まれる電気ウキを見つめ続けた。

21時。期待した夜釣りもアタリはなく、私はボロ雑巾のように疲れ果てた。先輩が「少し休もう」と言うのでサオを置き、岩の窪地に身を屈めた。雨は相変わらずバラバラと音を立て、容赦なく合羽に打ち付けた。

0時。いつの間にか眠ってしまったようだ。寒さで目を覚ますと全身が震え、歯がカチカチと音を立てた。雨と風はさらに激しさを増して海面には白波が立ち、打ち寄せる波はドーンという破裂音とともに大量の飛沫を浴びせかけた。特に正面からの強風は、私の体温と指先の感覚を奪っていった。

となると対策はひとつ。気合いを入れてサオを振り、魚が釣れれば体も温もると、気力を振り絞った。が、電気ウキはピクリともせず、私は再び座り込んでしまった。

……「ピシャ！」という音と、顔の痛みで目を覚ますと「寝たら死ぬぞ！」と怒鳴り声がした。先輩が私の異変を察知、平手で顔を叩いたのだ。そしてバッグからウイスキーを取り出すと、恐ろしい形相で「飲め！」と命じた。ラッパ飲みである。無理して飲んだが胃袋が受け付けず、吐き出してしまった。すると先輩は「飲まなきゃダメだ！」と瓶を押し付けたので、半ばヤケクソでグビグビと飲み込んだ。少しむせたが、喉、胸、腹が焼きついたようだった。が、しばらくすると震えが収まり、気分も少し落ち着いてきた。

それを見た先輩は大声で軍歌を歌い出し、「お前も歌え！」と強要した。私はとても歌う気分ではなかったが、先輩の気持ちを察して声を張り上げた。しかし3曲ほど歌うと、疲れと虚しさで、どちらからともなく止めてしまった。次に先輩は「実は俺の初めての女はな……」っとスケベ話を持ち出した。私が笑うと「次はお前の番だ」と言った。それからしばらく、二人は淫らな笑い声を発しながら、あること、ないことを語り合ったが、歌よりもこちらのほうがはるかに元気が出た。そんな私に安心したのか、先輩は鼾をかいて寝てしまった。

2時頃。雨は小降りになったが、風はますます強く、満潮も近くなって波が足元まで押し寄せて来た。背後は崖で逃げ場はない。もしヨタ波が来れば流されてしまうので先輩を起こし、ロープで灌木と体を結び付けた。

3時。体力、気力が急に萎えて意識が朦朧となり「このままでは死ぬ」と思った。が、家には1

歳の娘がいる。ここで死ぬわけにはいかないので、娘の笑顔を思い浮かべ「父さんは頑張る」と誓った。夜明けまで2時間、それまでの辛抱だ。これからは時間との戦いだ。が、その前に自分に打ち勝たねばならぬ。そう思って時計ばかり眺めていた。時々、猛烈な睡魔が襲って来るが「寝たら死ぬ」と呟き、歯を食いしばった。それでも、いつの間にかウトウトしてしまい、ハッとして時計を見ると、2~3分しか経ってなくてがっかりしたり……を繰り返した。

4時。夜明けまであと1時間だが、頭の中が真っ白になり、痛みも寒さも感じなくなった。その代わり、何とも言い知れぬ苦しみが襲いかかり「人はこうして死んでゆくのか」と思った。が、次の瞬間は首を振り、必死に娘の名を呼んだ。苦痛に負けそうな自分を奮い立たせようとしたのだ。しかしロウソクの火が燃え尽きるように我慢の限度が萎んできた。極限まで衰弱した身体に、夜明けまでの時間は余りにも長過ぎた。私は次第に生きる苦しみより、死んで楽になりたいと思うようになった。心の中で娘に「せっかく生まれてきてくれたのにごめんね。父さんはもう我慢できないんだよ」と謝り、泣きながらロープを解いた。そして大波が来たらさらわれようと覚悟、虚ろな目で荒ぶる海を眺めていた。対岸に民家の灯がチラチラしている。「おーい」と呼べば届きそうな距離である。「俺はこんな所で死ぬのか」と思いながら漆黒の闇に吸い込まれていった。

突然「こっちにおいで！」という声がして首をもたげると、見知らぬ人が手招きしていた。辺り一面、きれいな花が咲いていていた。私は導かれるように花園の中を進んで行った。

……「おい起きろ、夜が明けたぞ」。乱暴に身体を揺すられて目を覚ますと、空が白く霞んでいた。

「朝だぞ、頑張れ！」と叫ぶ先輩の声で我に返ると、急に胸が締め付けられ大粒の涙がこぼれ落ちた。「あ～、俺は生きている、助かったんだ～」。私は娘の名を呼び、声を振り絞った。「父さん、帰るぞ～」。真っ白に立ち込めた霧の向こうから渡船のエンジン音が近づいて来た。「あぁ、もう頑張らなくてもいいんだ」。私は虚脱状態に陥り、その場にへたり込んでしまった。

九死に一生を得たあの日からウン十年。今振り返ると、あれほど長く、苦しい夜はなかった。おそらくあれが低体温症というものだったと思う。その後も懲りずに釣りは続けたが、寒さに対する恐怖は今もトラウマになっている。

「愚者は経験に学び、賢者は歴史に学ぶ（オットー・ビスマルク）」と言うが、私は経験に学んだおかげで用心深くなり、それ以降は危険な目に遭うことはなかった。死んだ親父は常々「医者と警官には逆らうナ」と言っていたが、私はもうひとつ付け加える。「船長にも逆らうナ！」と。

Accident File 114.

沈！

死なないために忘れない。初冬の沖合で完沈したカヤックにしがみついたあの経験。即座に取るべき行動の選択肢はいくつかある。何を優先すべきかのヒントになれば幸いである。

体験者 **Kayakshin（カヤックシン）**

釣り好きが高じて鎌倉に移住。カヤックフィッシングの楽しさや安全対策をブログ『漕ぐべし！ホビーカヤックフィッシング』（http://fanblogs.jp/kayakshin/）に綴る。KKFC（鎌倉カヤックフィッシングクラブ）会長。

事故前に撮影した我がカヤック。最後尾に写っている蓋のようなものがドレンプラグだ

2011年秋、自分のオカッパリ能力に限界を感じて鎌倉で始めたカヤックフィッシング。好きな時、好きなポイントで、好きな方法で釣りができる魅力に憑りつかれて以来、百数十回の釣行に出て、今ではヒラメ、ワラサ、シーバス、カンパチ、アマダイなどオカッパリ時代とは比べ物にならない釣果が得られるようになった。

カヤックにも種類があるが、私が乗るのはシットオントップカヤックという船型のポリタンクのようなものの上に座るタイプで、カヤックフィッシングでは主流のもの。これにロッドホルダーや魚群探知機を装備すればプレジャーボートさながらの本格的な釣りが手軽に楽しめる。

そんな魅惑のカヤックフィッシングも自然の中で遊ぶ以上、天候や海況による危険を伴うことは否定できず、私もカヤックフィッシングを始めた頃から、本やネット情報を読み漁り、最大限の注意を払っているつもりだったのだが……危険は意外な形で襲ってきた。

カヤックフィッシングを始めて2年ほどが経過し、パドリング技術も向上し、ある程度遠くまで行き、それなりの釣果を上げられるようになってきた時期だった。忘れもしない、忘れてはいけない2013年11月13日、この日も海岸から約5km沖の水深60mのアマダイポイントを目標地点と定め、日の出とともに穏やかな凪の海に漕ぎ出た。誰もいない明け方の海を滑らかに漕ぎ進む移動時間もカヤックフィッシングの醍醐味だ。

当時の私のカヤックは数あるフィッシングカヤックの中でも特に軽量かつ細身でスピードに定評のある13フィートの人気モデルで、この日のような好条件下なら軽くパドリングして時速5～6

km、少し頑張れば7～8kmは出るはずが、なぜかスピードが上がらず、漕ぎ味が重たかった。それでもアマダイに目がくらんだ私は、カヤックの異変に気付くことなく漕ぎ進んでいた。

漕ぎ始めてから約1時間が経過し、本来なら目的地に到着する頃なのに、まだ3km(全航程の6割)の地点にいたので「こんな凪なのにおかしいな、疲れてるのかな」と思いつつ、しばし休憩することにした。

そしてパドルをカヤック上に置き、お小水でもしようとしたその時、突然、頭の中で、10日前の釣行後のメンテナンスの際、カヤック船尾(船底側)の排水用ドレンプラグを開けて水を抜いたシーンが甦った。カヤックの船体内部は空洞で、釣行時に若干の水が入ることがあるため、排水用のドレンプラグを使い排水できるのだが、ドレンプラグを締めた記憶がない。

10日も前のことなのに強く印象に残っていたのは、ごく少量の浸水ならばタオルなどで拭き取れば済むのでドレンプラグを使うこと自体が滅多にないためだ。ドレンプラグを締めたのならその記憶もはっきり蘇るはずなのに、全く記憶にないのは、残念ながら締め忘れだと確信した。そして、陸から3km離れた初冬の冷たい海で沈みゆくカヤックの上にいると知り、血の気が引いた。

瞬時に「このままでは沈没する! ドレンプラグを締めなければ!」と思った。時間との勝負、数秒後には中央部で幅71cmしかないカヤックの上で、無謀にも後ろを向き、船尾まで匍匐前進してドレンプラグを締めるという無茶な行動に出ていた。

そして次の瞬間、カヤックが左右に揺れ始めたかと思うと、あっという間に揺れは大きくなり、バランスを取る間もなくカヤックの左側の海に体が投げ出された。一瞬、頭部まで海中に沈んだが、すぐにライフジャケットとフルドライスーツ内の空気の浮力で浮き上がった。すると今度は、必死の思いで左手で捕まっていたカヤックがこちらに覆いかぶさるように傾いてきて、抵抗もむなしく白いお腹を見せて裏返しになってしまった。

出た！　完全なる「沈！」。もちろんカヤック人生初。かろうじてカヤックの下敷きは免れたが、初冬の大海原でひっくり返ったカヤックに必死にしがみつく泳ぎの苦手な自分、これは間違いなく命にかかわる大事件。パニック状態に陥り、頭の中で「マズイ、マズイ」という言葉を繰り返していた。

何はともあれ、この状況を脱するため「再乗艇」しなければならない、と思うのだが、うかつにも再乗艇の練習は一度もしていない。それでもサイトで見た再乗艇の動画を思い浮かべ、まずは、完沈したカヤックを上向きに戻そうとする。しかし、興奮と恐怖で震える濡れた手と、掴みどころのないスベスベした船底が見事にマッチして、なかなかきっかけがつかめない。

目線は海水面とほぼ同じ。体を支えるものが何もない状態で目の前に横たわる長さ約4ｍ、20㎏近くあるカヤックをひっくり返そうと必死で手を伸ばし続けた瞬間は、今思い返しても恐ろしい。ただ、パニック状態の中で偶然にも体がカヤックの船尾近くに流されて、視界に締め忘れていたドレンプラグが入ってきたので、右手を伸ばして締めることができたのは幸運だった。その時点ではプラグのことなど頭になく、再乗艇しか眼中になかったので、もしすんなりカヤックを上向きにできていたら、原因を残したままの再乗艇になり、違う結果だったかもしれない。

その後ようやく、船底中央の排水穴に左手の指がかかったのをきっかけに、船底に乗り上げるようにして反対側のエッジをつかむと、渾身の力で手前に引っ張りカヤックを上向きに戻すことに成功した。船体だけでなく、クーラーボックスなど多くの装備品が取り付けてあるので相当重たかったはずだが、まさに火事場の馬鹿力だったたと思う。

あとはカヤックの上に乗るだけ。詳しくは覚えていないが、とにかく力任せに掴めるものを掴んでカヤックの上に這いずり上がった。再乗艇の動画では泳ぐように足をバタバタさせるものがあるけれど、それは思い出せず、やらなかった。なんとかカヤックに乗り上げたものの、まだカヤックと体が直交した状態なので、再乗艇を完成させるためシートに座ろうと態勢を変えようとした瞬間、グラッ！　この時点で船内に相当の水が入っていたため、非常に不安定になっていて、またも一瞬にして、今度は先ほどと反対側のカヤック右側に頭から落水してしまった。カヤックはかろうじてひっくり返らなかったが、この落水で「無理か」と心が折れかかる。

それでも何とか再トライすると、今度は、船体に固定しているロッドホルダーにライフジャケットが引っかかってカヤックに上がり切れない。当時、ライフジャケットは釣り具を入れるための大きなポケットのあるものにしていたのだが、それが一因だった。もう落ちたくない一心で、うめき声を上げながらしばし悶絶したのち、ようやく外すことができて、カヤックに乗り上げることに成功。今度は先ほどの反省を活かして慎重に体勢を変えて、なんとかシートに座ることができた。

「生きてる」と感じるとともに、しばし灰色だった風景が色を取り戻した気がした。偶然にも原因のドレンプラグは締められたし、カヤックはやや不安定ながらもしっかり浮いている。カヤック上でしばし興奮を落ち着かせて、今度は持ち物の確認だ。道具満載で、いきなり完沈したのだから、相当の物が流出しているはずだ。まず、生命線のパドルはリーシュコードのお陰でカヤックの脇に浮いていたところを回収できたのでひと安心。2本のロッドのうち1本はリーシュコードに繋いでいなかったためロスト。買ったばかりのロッドと愛用していた高級スピニングリールだったのに……。クーラーボックスとタックルボックスはバンジーコードで固定していたため無事。活かしバケツはロスト。船首とロープで繋いだパラシュートアンカーは無事回収できたし、少し離れた海面に浮いていたビルジポンプも回収できた。ロストしたものは思ったよりは少ない。

派手に頭から海に落ちた割に、フルドライスーツのおかげで体は全く濡れておらず寒くないので、ヘタすれば、このまま釣ろうかという身体的コンディション。喉元過ぎれば熱さを忘れるというのか、一瞬本気でそう思った自分の釣りへの執念が怖い……。

しかし、身体的コンディションのよさとは異なり、カヤックはかなり不安定な状態で、やはり早く帰らざるを得ない。帰るにあたり、ビルジポンプで船体内の排水をすることも考えたが、このカヤックのハッチは乗船中には手が届かない先端部とシート後部の2ヵ所にあり、シート後部のハッチを開けるには態勢を大きく動かすので、カヤックが揺れて再沈する可能性が高い。もしもハッチが開放状態で沈すれば今度こそアウトなので断念した。

普段の半分程度の速度だが、パドリングして進むことが可能ならこのまま帰るのがベストと判断し、重たいカヤックを引きずるように３km以上先の陸を目指してパドリングを開始した。途中、少し余裕が出て、情けない自分の姿を写真に収めようとポケットのスマホを取り出すが、１万円以上した防水ケースの締め方が悪かったのか見事に浸水してスマホは海水漬け状態でご臨終。この時は安全対策で防水ガラケーも持っていたので最悪１１８番に電話はできたが痛すぎる。ロッド、リール、スマホを一度に失う経済的ダメージの追い打ちを受けて、パドリングの重さが増したものの、なんとか1時間少々漕いで、出発地点の海岸に着岸することができた。いつもは釣果や出来事を妻に報告するのだけれど、この日の体験を話すことはできなかった。

こうして、海況のせいでもなければ天候のせいでもない、間抜けなドレンプラグ締め忘れから始まったこの苦行だが、沖でドレンプラグのことに気が付いたときどうすべきだったのか。冷静に考えれば、多方面に迷惑をかけるからと躊躇わず、まだカヤックが浮いているうちに海上保安庁へＳＯＳ（１１８）通報するのが最善策だろう。

浸水に気付いた時点で1／3までは浸水していなかった（陸に到着時に確認した）ことから、Ｕターンする選択肢もあったように思えるが、仮に引き返し途中で1／2まで水が入れば、カヤック上でパドリングするだけでもバランスを崩して沈して、その状態では再乗艇すらできなかったかもしれないから危険だ。

シート後部のハッチを開けてビルジポンプで排水しながら戻るのは、海水が入る穴があっても空気が出る穴がなかったことが浸水スピードの遅さの要因だった可能性があるので、ハッチを開放する行為が危険だ。

今回のように水に入ってプラグを締めるのは、仮にもう少し波風があったり浸水が進んでいたら、再乗艇はできなかっただろうから危険だ。日頃からジム通いで多少は体を鍛えている自分だが、今回の穏やかな海況でもカヤックをひっくり返したり、再乗艇するのにはかなり苦労した。あと2回再乗艇できたかどうかは微妙ではないだろうか。仮に風や潮の流れが強ければ、カヤックと離れて漂流という最悪の事態になる可能性もある。

カヤックが近くにある限り再乗艇の可能性はあるが、海況やカヤックの状態が沈したときと変わらない中で再乗艇しても、沈を繰り返す可能性が高く、繰り返し再乗艇にトライすることで、救助を待つために必要な体力も失いかねない。防水ケースに入れたスマホだって劣化や装着ミスによる浸水リスクがあり、一度浸水すれば救助も呼べなくなる。これらを考えると、自ら水に入るのは最悪の危険な選択に思える。

結局、この時は数々の幸運が重なり大事に至らなかっただけで、まさに九死に一生だったのだと改めて痛感させられる。この日の出来事をしっかり記憶に刻み、常に少しでもリスクを低減してカヤックフィッシングを楽しむ方法を考え続けたい。ちなみに、現在は、手漕ぎカヤックを卒業して、より機動力のある足漕ぎカヤックに乗っているが、当時のような遠いポイントには行かず、天候や海況もシビアに選んで出船している。さらにフルドライスーツの必要な時期はカヤックフィッシングをせず冬眠することにしている。そしてもちろん、ドレンプラグはそれ以来一度も使っていない。

Accident File 115.

滑走！

気付いたときには身体が海に向かって滑りだしていた。その姿勢はまさにスキージャンプ競技の滑走そのものであり、身体はどんどん真冬の氷点下の北海道の冷たい海に近づいていった。

体験者 **小林亮（コバヤシリョウ）**

埼玉出身、北海道札幌市在住。姉妹紙ノースアングラーズの釣り場紹介記事などを担当している、フリーランスのライター。釣りは磯のロックフィッシング、アユ釣り、氷上ワカサギ釣りが好き。アユは小河川に3～4mの超ショートロッドでラン＆ガンするスタイルがここ数年のマイブーム。

不鮮明でちょっと分かりにくいが、丸囲みしている部分が海に向かって傾斜しており、ものすごく滑るのである

あれは２００８年の12月中旬、私が北海道に移住して2度目の冬を迎えてすぐの釣行だった。少しずつ北海道での生活にも慣れ、道内の各種の釣りを知り、広く浅くいろいろなジャンルに挑戦を始めた頃だと記憶している。そのなかでも、「これは面白そうだ！」と強く惹かれたのが海のアメマス釣り。トラウト類は川や湖で釣れるものという、それまでの認識の範囲外にあるこの釣りが特に新鮮に感じたのだ。

ちなみに、降海型のアメマス、通称「海アメ」はほぼ全道的に見られるが、エリアによって釣りの好期がやや異なる。大雑把に説明すると、道南や道央は冬～初夏、道北や道東は春～夏によく釣れる。ただし、道央や道南の日本海では古くから海アメ釣りが楽しまれているが、そのほかのエリアで海アメが釣れることが広く知られるようになったのは、実はこの10年くらいで、割と最近だったりする。それゆえ、２００８年当時、海アメを釣りたければ冬の日本海に走るのが必須だった。なお、近年は海サクラが北海道のソルトのトラウトフィッシングの主役だが、その頃は人気に火がつき始めた程度で、海アメの話題のほうが多かった気がする。

その日、向かったのは海アメ釣りのメッカ、島牧村。同地での年始に行なった取材で60㎝クラスのヒットシーンを目の当たりにし、自分もいつかあんな魚を釣りたいとずっと思っていたのだ。日本海の近況はカタクチイワシ、ハタハタが大量に接岸している情報などが聞こえ、釣果も悪くない感じ。当日の天気も波は高すぎず、ベタ凪でもなく、適度に波が立っている絶好のコンディション。かなり期待できそうだった。朝マヅメ、入ったのは島牧の超メジャーポイント、江ノ島海岸の18番。

エキスパートの人たちの姿もあるので、ポイント選択的にも外してないようす。が、意気揚々とキャストを繰り返すも、海アメ釣りはあまくない。未熟なウデのせいもあるだろうが、魚からのシグナルがないまま朝イチのチャンスタイムは終了してしまった。

午前10時過ぎになっても状況は変わらず、並んでロッドを振っている周囲のアングラーを見ても、朝からあがったのは浜全体で小さいアメマスが1尾のみ。気付くとエキスパートの人たちもいなくなり、サーフは人がまばらになっていた。このままでは駄目なのは海アメ一年生でも何となく分かったし、当日の状況だけで判断したら粘る理由もないので、自分も移動することにした。

しかし、知っているポイントは18番だけなので、適当に見ながら捜していくしかない。そんなこともあり、次に訪れたのが18番から3㎞ほどの永豊漁港だった。港にベイトが入っていれば、それを追って海アメもいるだろうと港内を観察すべく、クルマを内防波堤の基部近くに停めた。すぐに釣りをするわけではないし、岸壁際に行く気もなかったのでライフジャケットは未着用。すぐにクルマに戻ってくる気だったので、服装も上半身はアウターを脱いでいて下着とフリース、下半身も同じようにウエーダーの中に履いていたフリースだけで、足もとはサンダル。今思えばかなり薄着のナメた格好だった。

内防波堤基部の港内側はスロープ状の緩やかな傾斜になっており、傾斜の頂上から水際までは6～7ｍあっただろうか。通常の船を上げ下ろしするスロープと違って傾斜がそのまま海まで直接続いているわけではなく、岸壁に横付けした船からの荷揚げをスムーズにするための傾斜だろうか。

あまりほかの港では見ないタイプのものだった。

その傾斜の頂上から港内を見渡してみたが、いまいち状況は確認できず、「もう少し際まで行くか」と一歩を踏み出した。これが悲劇の始まりだった。

傾斜で足場が低くなる分、その岸壁は波が上がりやすく、遠目には分からなかったが足場はコケでヌルヌルだった。とはいえ大して角度もない斜面だったので大丈夫だろうと思って体重を乗せると、気付いたときには身体は海に向かって滑りだしていた。バランスを崩しかけたがどうにか踏ん張って中腰で耐えた。その姿勢はまさにスキージャンプ競技の滑走そのものであり、身体はどんどん海に近づいていく。

水際まできて、落ちてなるものかと身体を捻るも時すでに遅し。最後は後ろ向きのまま宙に投げだされ、まさかのK点越え。「あ、やべえ」と思ったときは海中だった。

自分が落水したことを認識して、最初に頭に浮かんだのは「真冬＝低体温症＝早く上がらないと死ぬ」という図式。しかしながら非常事態ゆえか、年末だというのに海中にいる間は水の冷たさは感じなかった。また、落水直後は少し焦ったが、実は私は小学生の頃は6年間スイミングクラブに通っていて、泳ぎは学校のリレー選手になれるくらい得意。着衣泳の経験もあったので、「俺は泳げるんだから、上がれる場所を捜そう」とすぐに冷静になれた。

とはいえ、港は水面から足場が高い場所が多く、簡単には上がれない予感もしていた。それでもやっぱり死にたくないので、行ってみて手が届くか分からないが、とりあえず一番近い岸壁に向かって腕をかいた。するとラッキーなことに角付近の海中に高めの根があり、足が付くではないか！せえので海底を蹴って飛び上がり、無事に岸壁に手が掛かって脱出に成功。損害はサンダルを片方失くしたくらいで、ことなきを得た。

とはいえ、全身濡れネズミなだけに、海から上がると猛烈に寒い。雪がちらついていて気温は氷点下だから当たり前だ。着ているものは全部脱ぎ、着替えは持っていなかったので素肌にアウターを着込み、クルマのヒーターはＭＡＸに。頭の中は温泉に行くことしかなかった。そして、近くの温泉に向かったのだが、道が狭く、積雪で路肩の状況が全く分からず、なんと道中の山道で脱輪……。某芸人の「なんて日だ！」というフレーズを使うなら、今のところ人生であの日が一番ふさわしかったように思う。

ただ、この日は確かに不運続きだったが、落水した場所の近くに高根があったように、ツキもあった。脱輪から抜けようと30分ほど四苦八苦していると、地元の方が通りがかり、たまたまエアジャッキを積んでいたので手助けしていただいた。ちなみに、このときは側溝を雪で埋めるという北国らしい技法を教わって脱出することができたのだった。

温泉で温まった後は、もう釣りをする気力が残ってなく帰ることにした。しかし、そのつもりで運転していると、磯に人がいっぱいいるのが目に入る。何ごとかと見にいくと、大量に接岸しているハタハタを玉網で掬っているではないか。ひどいめにあったのに、手ぶらで帰るのも何だかな～と思い、私も急遽参戦。ハタハタは磯の海藻に産卵するために岸に寄っているようで、足もとを磯ダモでひと掬いすると10~20尾ほど入る。ものの5分ほどで27リットルのクーラーボックスが満杯になった。

あの冬から10年以上も北海道にいるが、ハタハタの大量接岸はあれ以来ないし、落水もしていない（笑）。

なお、私が担当した『北海道海釣りドライブマップ　道央日本海』（つり人社刊）の永豊漁港の漁港図には〝下り傾斜で滑るので落水注意〟の文字がもちろん記入されている。

Accident File 116.

車炎上！

携行缶のボトムから漏れたガソリンに引火するという恐ろしい事態。急いで車の後部ドアを開けると、炎は勢いを増して竜巻のようにとぐろを巻いて大炎上したのであった—。

体験者 **伊藤巧（イトウタクミ）**

1987年、千葉県柏市生まれ。国内のバス釣りトーナメントやメディアで活躍したのち、現在は米国最高峰のB.A.S.S.エリートシリーズに参戦中の若きサムライアングラー。

バッテリーの端子と携行缶が触れないように毛布で覆っていたのだが……
（写真はイメージです）

あれは10年前の出来事である。今は主戦場をアメリカに移しているが、当時の私は大学を卒業して釣り具メーカーに就職し、仕事をしながら学生時代から続けているバスフィッシングのトーナメント活動にますますのめり込んでいた。

若いため体力とやる気はあるもののお金がなかった時代である。ボートを購入し、埼玉県で一人暮らしを始め、トーナメントに参加するためのエントリーフィーを払うと本当にカツカツだったが、親が釣りに大変理解があったことと、所属するバス釣り団体が自宅や実家から近い千葉県の利根川で活動していることから大好きなトーナメントを続けられた。

学生時代に乗っていたのはカルディアというステーションワゴン。試合前ともなると1週間現地に泊まり込んでプラクティス（練習）を続けた。早朝から日没まで釣り、ボートを陸揚げしてガソリンを入れたらスロープの近くに駐車。あとは軽く食事を流し込んで寝るだけの車中泊生活だ。手足を伸ばして宿の布団で眠れれば疲れも吹き飛ぶのだが、そんなお金を使うのはもったいない。ただ寝るだけのために実家に戻るのもガソリン代がもったいない。朝、起きたらすぐにボートを出せる環境で、納得がいくまで釣り込みたいと考えると、最も理に適っているのが車中泊だった。食事はスロープから歩いて30分ほどのところにあるスーパーマーケットで半額になった総菜や弁当を買っていた。

その後、社会人になってから、まあまあデカい、いわゆる四駆のアメ車に乗り換えた。それは11年落ちのリンカーンナビゲーターで、前オーナーが北海道の海沿いの方だったとかでシャーシはサビだらけだったが、ヒッチメンバーというボートを牽引するための装置が付いていたことと、何よりも見た目がカッコいいことが決め手となって格安の30万円で購入した。

ところが劣化したマフラーが走行中に落下しかけるわ、コンビニの駐車場から出ようとしたときにロアアームが壊れてタイヤが落ちかけるわと、まあまあトラブルの多い車だった。が、見た目のよさに加えてボートを牽引してももたつかないパワーに惚れて、正直お気に入りの車だった。

そんななかで迎えた4月のシーズン初戦。日曜日の試合本番に向けて木、金、土曜と勤め人としては精いっぱいのプラを行なった。そして事件はいよいよ明日の日曜日に運命の決戦を迎えるという土曜の昼に起こった。

いつものようにプラ中は車中泊を続け、本番前日のみ実家に寄った。実家は母屋の前に庭と駐車スペースがあり、駐車スペースまで車を入れると何かを焼いている香ばしい匂いが鼻についた。

「あ、親父がまた庭で鳥を焼いてるな」

うちの親父は庭でBBQをよくやり、それが旨いのだ。しかし、見渡しても鳥を焼いているようすはない。

この焦げ臭さは、家に着いてブレーキを踏んだ時、車内に置いていた携行缶が手作りの二段の架台の上段から落ちたことが原因だった。携行缶にはハイオクが満タン、20リットル入っている。二段の架台の下段にはエレキや魚探など電気系統の電源になるバッテリーを10個積みこんでいた。

車は3列シートで、運転席のある1列目以外はフラットにしてあり、天井にはたくさんのロッド、右側には携行缶やバッテリーを置く架台、左側には足を延ばして眠られるベッドスペース、その周囲に魚探やタックルボックスを置いた。眠るときに掛ける毛布は、運転中は並べたバッテリーの上に被せるのが常だった。というのもバッテリーには赤いプラス端子と黒いマイナス端子があり、それぞれに赤いプラスチックカバーと黒いプラスチックカバーを被せ、端子がむき出しにならないようにするのだが、10個のバッテリーのうちおそらく2~3個はそのカバーのどちらかがなかった。紛失したまま買い足さなかったのだ。

カバーをするということは、むき出しにして何かと接触するとよくないことが起きるのだろうなあとは思っていたが、当時の知識はそんな程度。車内の荷物が崩れてランディングネットがキャップの被せていないバッテリーの端子に触れるとバチバチと音が鳴ることは知っていたので、そうはならないようにしっかりと毛布を被せていたのだ。

この焦げ臭さは後部座席からだと気づいたその時、「バシュッ!」という異様な音が車内から聞こえた。と思った途端、車内が猛烈に焦げ臭くなり、すぐさま運転席まで煙が充満して視界が真っ黒になってしまった。

この時点でもまだ私は何が起きているのか分かっていない。

え、外で火事? ん、家が火事? 違う、車が火事だ!

ようやく自分の車が燃えていることに気が付いて慌てて車外に飛び出した。そして背後に回り、バックドアを開いた。実はこれが最初の失敗で、ドアを開けた瞬間、チロチロと燃えていた炎は勢いを増して竜巻のようにとぐろを巻いて大炎上したのである。車内の閉鎖空間で燃えているときは酸素不足だったのに、私が後部ドアを開けて新鮮な空気を送り込んだことで炎の勢いが増したのだ。よく見ると、携行缶のボトムに小さな穴が開いており、そこから漏れたガソリンに引火して燃えている。爆発こそしていないが恐ろしい光景だった。

騒ぎを聞きつけた親父が家から消火器を持って飛び出してきて、燃え盛る後部座席にノズルを向けるとレバーを握って勢いよく放射。消火器の威力は素晴らしく、この1回の消火で8割方鎮火したのだった。

それでもまだ小さな火と煙がくすぶる車を呆然と見ていると、親父から「ここだと家に飛び火したら大変だから、あっちの空き地まで車を動かせ」と言われた。確かに先ほどの消火で火の勢いが弱まったからいいようなものの、そのままなら確実に実家もろとも炎上していただろう。

ちょっと怖かったがキーを差し込み、エンジンを掛けると一発で掛かった。そしてまだ燃えている車の運転席に乗り込むと、母屋から離れた空き地のスペースへ車を移動させた。後部座席を見ると、携行缶の小さな穴からはチロチロとガソリンがこぼれていた。そしてバッテリーの上に被せてあった毛布に小さな穴が開いており、その穴からバッテリーの端子が飛び出ていた。

「お気に入りの車だったけど、これで終わったなあ……」

フロント側は相変わらずカッコいいのにリア側が焼け焦げてしまった愛車を眺めながら感傷に浸る私。消火器を使った車は配線ターミナルの中まで粒子が入ってしまうのでほとんどの部品がダメになり、サビなどの劣化も激しくなるから廃車にするしかないと聞いたことがあったからだ。

しかし感傷に浸っている暇はない。8割方消火できたとはいえ、まだ車内からは煙が立ち昇り、所々で赤い火が消えずに燻っていた。それを見た私は第二の失敗を犯した。

しっかり鎮火させようと庭のホースを使って放水してしまったのである。ガソリンや天ぷら油などの火事に対して水で消火してはいけないというのは常識だが、今回のケースにもそれが当てはまるとは思ってもみなかった。水と油は交じり合わず、濡れた水の上にガソリンが浮いて延焼範囲を広げただけだった。あとはホースからガソリンが出ているのではないかと思えるくらい、消火活動をすればするほど火の勢いが増してしまったのである。

先に車を動かしておいて本当によかった。しかし、車内には明日の試合で使うタックルや魚探が入ったままだった。そして何より携行缶も入ったままだ。

すでに携行缶そのものが炎上しており、いつ爆発してもおかしくなかったので本当に怖かったが、燃える携行缶を車外に投げ捨てた。続いてロッドやリール、魚探などを燃え盛る車の中から取り出して投げ捨てたが、そのうちに火の勢いが手を付けられないレベルになってしまった。

ここからは消火器を使って鎮火してもすぐにまた燃え盛ってしまう状態。爆発する前に燃えたぎる車の中から釣り具などの荷物を取り出して投げることを続けていた。

すると、夢中で荷物を投げ捨てている私のもとに近所のコンビニや車の整備工場の方が消火器を持って駆けつけてくれたのである。集まった消火器の数は、なんと9個。

水では効果がないどころか火に油を注ぐ状態だったが、次々に消火剤が噴霧された車はみるみるうちに炎が消えて、やがて完全に鎮火した。

その後、親父とふたりで近所の方たちに頭を下げまくって感謝を伝え、迷惑をかけたことをお詫びした。

そのときの私と親父の髪の毛はチリチリにパーマがかかって真上に立ち、消火剤にまみれて真っ白で、顔は煤で真っ黒。まさにドリフのコントで、実験に失敗して爆発が起き、煙に包まれたあとの科学者のようだった。

それからは真っ黒になったロッドやリールを洗って拭いて、明日の試合に使えるものを選び、すべてのイトを巻き替えた。なんとか試合には出場して、プラの甲斐もあってコンスタントに魚もキャッチした。しかし、肝心なところでミスしてしまった。いい魚を掛けたのにスピニングリールが焼けた影響でドラグが利かずラインブレイクしてしまったのだ。

このミスが影響して初戦の結果は2位だった。しかもこの1尾のミスが年間ポイントにも影響して、最終的な年間順位はなんと首位タイ……。しかし細かなルールにより、結果的には年間2位になり、初めての年間優勝とバサーオールスタークラシック出場という2つの夢が手のひらからスルリと逃げていった……ガックリ。釣りにタラレバは禁物だが、せめてあの火事が前日でなければもう少しいい状態で試合に臨めて、壊れたリールも使っていなかったと思う。

それでも準優勝の賞金を元手に消火器を購入。近隣住民やコンビニの方など消火器を提供してくれた方にお礼するとともに新品をお返しした。

後日談はまだある。個人的にはこれが一番びっくりしたが、火事の2日後、我が家に突然見知らぬ黒人の方がやって来て、燃えたリンカーンを売ってほしいと言うのだ。かなりの火の勢いだったこと、消火器を計10本も使っていること、火事の前から調子が悪かったことを伝えたが「ニコイチニスルノデダイジョブ」と言う。おそらく後ろ半分がきれいな同じ車を所有しているのだろう。私の車も後ろ半分は見る影もないが、前半分は確かに焼けてはいない。驚いたことにキャッシュ8万円で契約成立した。

携行缶でガソリンを運ぶことは一缶まで（20リットルまで）は認められている。その車でバッテリーを運んでいる方も多いと思う。皆さん、充分に注意して危険を回避しているだろうが、思わぬ事故で車内の荷物が散乱することも考えられる。そして煙が上がったとき、いきなりドアを開けて新鮮な空気を送ってはいけない。炎に向かって水をかけてはいけない。そのことを肝に銘じていただきたい。

Accident File 117.

落水！

もともと泳ぎは得意なのだが、３ｍのウネリの中で衣服を着たまま泳ぐのは本当に大変で、たかだか１００ｍがなかなかたどり着けないまま真冬の海で長時間もがき続けた。

体験者 naz（ナズ）

南西方面の離島での釣りにのめり込む釣り人。特に東京の八丈島や小笠原諸島、沖縄の南大東島、与那国島が好き。自身のＨＰ「離島でウキフカセ」(http://opp.ff-hp.com/fis/)

あっと思ったときには呆気なく冬の海へ落ちてしまった（写真はイメージです）

2015年の冬、私が八丈島北東部にある無人島、八丈小島付近の磯に行き、フカセ釣りを楽しむ予定だったときの話である。

2月28日、土曜日、天気は晴れ。北東風が強く、波は5～7mもあるが、のちに3mの高さまで落ち着く予報。潮回りは長潮で、昼に向けて潮が上げ、満潮の潮止まりは12時半頃だった。波が高いので渡船は中止かもしれないと思い、当日の朝、八丈島へのフライトの前に釣具屋に連絡をすると、渡船の1便は出たという。私たちも期待を爆発させるように飛行機に乗り込み、島に着くやすぐに船をお願いした。

船頭から風向きを考慮したアドバイスをいただきながら、渡礁する磯を決定。沖合に向けて走り出すと結構ウネリはあるものの、磯渡しはとてもムリというほどの状況ではなかった。船には私たち2名以外にもう1グループが乗っており、彼らは最初に着いた磯で降りた。風はかなり強いものの、ちょうどウネリが入らない場所のようで、船から磯への渡礁も比較的スムーズだった。

そして次は私たちの番だったが、渡礁しようとした磯は、すでに波を被っている形跡があり、西からのウネリで船も大きく揺れた。先ほどのグループとは違い、とてもスムーズな渡礁とはいかなかった。何しろ船を磯へ付けるのがムリな状況だったため、私はジャンプして磯に渡り、荷物を受け取った。

苦労はしたがようやく目指す磯に乗ることができた。さぁ荷物を高台に移動させて釣りの準備に取り掛かろう。と思った時、いきなり波を被ってしまった。それでも荷物を下ろしたのは低い場所で、釣り座はもう少し上にあるから大丈夫であろうと思い、釣りを開始する。その数分後、第2波のウネリが磯を洗い、高台に移動した私の荷物があわや流されそうになった。釣友とも「これから満潮でさらに潮位が高くなるからマズいかも?」なんて話しながら釣りを再開。その直後、大きなウネリが私の釣り座まで襲いかかり、私は呆気なく落水した。

海に落ちながら、どこか手がかりがないかを必死に探した。その時はまだ磯にすがりついて這い上がろうと考えていたが、ウネリの引き波は予想以上に力強く、いとも簡単に磯際から沖合へ流されてしまった。もちろんライフジャケットは体にフィットするサイズのものを身につけていたし、股紐も通していたため体が沈むことはなく、ライフジャケットの浮力で海に顔を出し続けることはできていた。

ふと今までいた磯を見上げると釣友の姿を確認。なんとか磯にしがみつき、流されなかったようで安心した。潮の流れは1・5ノット程度で北へ流れていく。釣友が「あっちあっちー!!」と叫んでいるので、見ると、八丈小島のゴロタ場が見えた。距離にして、300mくらい。上陸できそうな場所はそのゴロタ以外にありそうもなかったので、とにかくそちらに流れるように、少しだけ足と手を動かしてみた。「少しだけ」というのは、潮の流れが体感的に少しきついと感じたので体力温存を考慮したのと、潮もこころなしかゴロタ場のほうに向かっていたので、体を任せようと思ったからだ。

2月の真冬の海なのに、直ちに凍えて体が動かなくならなかったのは、八丈島自体が黒潮の中にあり、真冬でも海水温がそれなりに高いためだろう。また、朝からしっかりと食事を摂っていたので、うまくエネルギーとして燃焼してくれたのかもしれない。

とはいえ、海の中は相当寒く、吹きつける風も冷たい。顔は浮いているとはいえウネリで潮を被り、それなりに海水も飲んでしまっていた。そして海水を飲んでしまうことで、かなり体力を奪われることもこの時初めて知ったのだった。

さらに流されて、もう先ほど乗っていた磯は波の谷間に見え隠れして、やがて完全に見えなくなった。私も不安になったが、残された釣友もきっと不安だっただろう。

次いで、ライフジャケットの一番上のポケットに入れている携帯電話を取りだし、118番にかけようとした。こんなこともあろうかと防水仕様だったので動きはしたが、電波が圏外だった。

仕方なく、そのまましばらく流されているとゴロタ場のほうへ近づいていたが、ここで計算外の出来事が起こった。ゴロタ場に押し寄せた波がぶつかり、脇の断崖に流れる海流に引っ張られているのだ。

当然、私の体もゴロタ場方向から流れを変えて、今度はどんどん断崖方面に流されていく。断崖には手がかりや足がかりは全くなく、そのまま進むと今度は沖に向かう潮に乗ってしまう、かなりヤバい状況だ。それまでは体力を温存するためにゴロタを背にして手足をゆらゆら動かしていたが、ここからは必死にクロールで泳いでみたが、全く進むことなくどんどん体が断崖に流され、ついには断崖に張り付いてしまった。状況的には、この時が一番きつかった。

断崖に当たったウネリが崩れ、そのウネリが顔にぶつかり息ができず前も見えない！　浮かんではいるものの潮に揉まれまくり命の危険を感じたが、奇跡的に少しだけウネリが止まった瞬間があり、この時に残りの力をすべて使って断崖の張り付きから脱出することに成功。そしてゴロタ場まで一直線に全力でクロールで泳いだ。

上陸できそうな所までは、距離にして１００ｍ。もともと私は泳ぎは得意なので距離的にはなんということもないのだが、３ｍのウネリの中で衣服を着たまま泳ぐのは本当に大変で、たかだか１００ｍがなかなかたどり着けない。

あと少し！　という距離まで近づいても、今度はゴロタに打ち付けた波が引く力によって、微妙に沖に戻されてなかなか上陸できない。これまでかという気持ちになりかけたが、なんとかひたすら泳ぎ、少し感傷的な感じだが『生きる‼』と強く心に念じていると、ついに足が地面に着いた！ああ、足が地面に着くってこんなに安心するんだなぁと感動しながら上陸。波の被らない場所まで上がると、釣友に無事を知らせるため、ホイッスルを強く吹いた。同時に大声も出した。すると、向こうから「ピィー！」と少し聞こえ、とりあえずなんとか無事のサインが送れたと思い安堵した。

その後、渡船屋がレスキュー専門の船でゴロタ場の沖に来て、そこからレスキューの方たちに救出された。港に帰ると、釣具屋さんも風呂を焚いて待ってくれており、風呂に浸かるとやっと体の冷えも取れ、ようやく生きた心地がした。落水から救出まで実に3時間。とにかく助かってよかった。

とにかくいろいろなことがあった。誰を責めるつもりもない。ただ、磯釣りをする際には、自ら生存確率を高める努力を地道にしていこうと思いなおした。そして改めて、今回救出をするのに協力をしていただいた方や釣友には感謝の気持ちを伝えた。

最後に、この経験から得た教訓をいくつか。

①ライフジャケットに付属しているホイッスル以外にも、少しの息でさらに大きな音が鳴るホイッスルが発売されている。そのホイッスルの中に名前や住所を記載できる紙が入れられるので、標準装備のホイッスルとは別にもう1つ準備したほうがいい。

②長靴を履いて落水すると水が入り上手く泳げないと物の本に書いてあったが、私の場合は逆であった。キッチリと上部をマジックテープで止められるタイプだったこともあり、隙間が生まれず、むしろ浮力を得るキッカケにすらなった。このあたりも考慮して長靴を選ぶという方法もあると思う。

③ライフジャケットの首周りのクッションが非常に役立った。特に海に浮かんでいる時、首を保持してくれるため楽な姿勢のまま浮き続けることができ、体力を消耗しなかった。ちなみにクッションは消耗品なので、一定期間での交換は必須である。

そのほか、もしものためにライフジャケットに名前を刺繍しておくことも必要。そして何はなくとも体力を付け、適度な脂肪も必要かと。

Accident File 118.

アカエイ再び！

ウエーダーを脱がしてもらうと鮮血そのものの真っ赤な水が溜まっていた。右足を刺された3年後、今度は右手がパンパンに腫れあがるという事態に……！

体験者　**増田孝（マスダタカシ）**

東京都在住。日本たなご釣り倶楽部に所属する表彰台常連。タナゴ釣りからマグロ釣りまで幅広く楽しむが若い時はシーバスに入れ込んだ。現在はタナゴ釣りに夢中。

長時間同じところに立っていると、そこに日陰ができて、流れの変化が生まれる。すると、どこからともなくアカエイが……
（写真はイメージです）

それは20年近くも前のこと。現在でこそ世界で一番ミクロな釣りと言われるタナゴ釣りに夢中になっている私だが、二十代の頃はとにかくシーバスに夢中だった。東京湾の湾奥ベイエリアの釣りから南房、外房の地磯のシーバス、ヒラスズキまで、多い年には年間300日以上、ほとんど毎日のようにシーバスをねらって出掛けた。

春になるとよく行っていたのが千葉県内房の人工海岸でのウエーディングだ。千葉県のウエーディングというと木更津や富津のほうが有名だが、もっと身近なエリアでもウエーディングが楽しめたのだ（現在はヘッドランドと呼ばれる人工岬がいくつもできてサーフの潮流が変わってしまってあまり釣れなくなった）。

普段は仕事終わりの夜の釣りがメインだったが、ウエーディングは休日の日中が専門で、春になると日中の潮が大きく引くためウエーディングに行くかヒラスズキに行くかという感じで、シーバス釣りを楽しんでいた。

ちなみにこのエリアには、なぜか朝は釣れないという特徴があった。昼に釣ったシーバスが朝方に食ったと思われる溶けたイワシを吐くこともあったので、どこか遠く、おそらく船橋あたりでは朝方ベイトを追い回しているのだろう。その後、昼過ぎになると人工浜のほうに回遊してくるのだ。

この人工浜は地形の変化に乏しい遠浅の海で、だいぶ海を歩いても膝下程度の水深という感じのところだ。そんなところにわざわざ回遊してくるシーバスの目的はただひとつ。捕食のためだ。だからルアーを通してやれば素直に食ってくることが多い。一番よくないのは、もっと沖に出ればもっと釣れるだろうと思って、ポイントの上をどんどん歩いてプレッシャーをかけること。待っていれば岸近くまで寄ってきてくれるのに、わざわざ追いやって釣れなくしてしまう人が多いのには閉口したが、その当時はまだこのエリアでウエーディングしている人はそれほどいなかった。

このエリアに限らず注意しなければならないのがアカエイの存在。千葉県の湾奥から内房にかけては本当にアカエイが多いためだ。実は、これまでもアカエイを踏みかけたことは何度かあって、一歩足を出した途端に大きな土煙を立てて慌てて逃げるアカエイには何度も遭遇していたし、多分、踏んでしまったこともあったと思う。

それでも、こちらの存在をちゃんと伝えれば、向こうのほうから先にどいてくれると思っていた。ところが、これは大きな間違いだった……。

これはシーバスやブラックバスはもちろん、多くの魚の習性のひとつなのだが、平坦な水域にポツンと杭が1本立っているだけで、そこに魚は集まってくる。南海の深海にロープが1本あるだけのパヤオに小魚からマグロまでもが集まるように、そこに日陰ができて、流れの変化が生まれ、ベイトの待ち伏せ場所になることで魚を引き寄せるのだ。

その日は3人でいつもの人工浜からウエーディング。岸から100mほどの沖合で3人は相応の距離を空けて釣りを開始した。

ウエーディングといっても自分の場合はそんなに歩き回る釣りではない。食い気があればシーバスのほうからどんどん浅場にやって来てくれることから、潮の通り道の前で私は一本の杭と化して粘ることが多かった。

広く変化に乏しいその人工浜において、私自身が恰好のストラクチャーになってしまったようで、知らず知らずのうちに周囲にアカエイが集まってきていたのだ。だから長時間留まっていたところから動くときは周囲がアカエイだらけと思って威嚇してから動いていたのだが、このときはちょっと態勢を崩していきなり後退してしまった。その瞬間だった。

感覚としてはウエーダーの上からカニにデカいハサミで挟まれたようなギューっと絞られるような痛みを感じ、次いで電流がビリビリと走った。

「痛え!」

痛みのある右足を水中から上げてみると、ウエーダーに尾が突き刺さって抜けないのか、30㎝ほどのアカエイが左右に激しく体を揺らしていた。そして次の瞬間には自由を取り戻して海の中に姿を消した。

すべてを理解したものの、あまりの痛みで歩けそうもない。仲間に声を掛けるが聞こえない。これはダメだと引き返す。岸に戻るには手前に深みがあり、本来であればそこを避けて遠回りするのだが、そんな余裕はないのでショートカットしたところ、思いのほか深くて前のめりになってしまった。足が傷むので立って歩くこともできず、私は泳いでこの深みを通り過ぎようとしたが、ウエーダーの胸からどんどん海水が入ってしまうし、バカ長タイプのウエーダーのつま先側には空気があるから浮いてしまい、もう立つこともできなければ泳ぐこともできず、あおむけの態勢で私は溺れかけてしまった。

ライフジャケットの浮力のおかげでなんとか顔は沈まないものの、足も沈まないのでどうすることもできない。必死にもがいていると、仲間がそのようすに気付いてくれたが、「あいつ転んでひっくり返ってる（笑）」「溺れたふりしてふざけてる（笑）」と思ったそうで、全然こちらの状況を理解してくれない。

しかしそのうちにあまりにもようすがおかしいので近寄ってきてくれた。

「エイに刺された……。痛くて歩けない……」

こうして仲間たちの肩を借りて岸までたどり着いたが、もしもひとりだったらどんな結果になっていたか想像もつかない。

車まで歩いたところでウエーダーを脱がしてもらうと、血が混じっているというよりも、鮮血そのものの真っ赤な水が溜まっていたのにはびっくりした。あんな小さいエイでもこれほどの威力があるのかと。

海辺の病院に行っても通院が大変そうなので、とりあえず仲間に運転してもらい、都内の家まで戻ってから近所の総合病院に向かった。受付で「すいません、エイに刺されました」と言っても、受付の方はキョトンという感じだった。

先生もエイに刺された人を診るのは初めてとのことで、いろいろ調べてくれたのち、「中を洗うから少し切ります」と言って傷口をメスで切開。その傷口に圧力をかけた生理食塩水を勢いよく注ぎ、これが染みるのなんの。死ぬほど痛かった。

ここから通院が始まるのだが、行くたびに傷口を洗浄し、化膿止めなのか点滴を打たれて、これが本当に辛かった。そしてもうひとつ辛かったのが釣りに行けなくなったこと。それまで毎日のように釣りをしていて、ようやく長い冬が終わって待望の春を迎えたのだから、釣りがしたい。そう思って、その数日後に釣りに行ったのだが、ズボンを脱いだら右足の皮膚の色がドス黒く変色して、足の甲もまるでクロックスを履いているくらいの太さに腫れていて「これはマズいかも」と大人しく家に帰ったのだった。

ただし経過はよかったようで、結局10日ほどで通院生活は終わり。とはいえ、当時は車を運転する仕事をしていたが右足の腫れと痛みでブレーキも踏めないため、完全に治るまで1か月半も仕事を休む羽目になってしまった。

エイの毒針から足を守ってくれるエイガードという製品があり、これが数万円もすることから「そんな高いの買えないよ」と思っていたが、ひと月以上仕事を休むことを考えたら、むしろ安いなと思うようになった。

実際、その後、エイガードを購入しているのだが、実はその間にもう一度アカエイに刺されるというヘマをしている。スズメバチなど強い毒を持つ生き物に刺されると、アナフィラキシーショック（急性の重度の過敏症アレルギー反応）により血圧や脈拍が低下し、呼吸障害で死にいたることもあるそうだが、幸いに私は2度目のエイ毒でも死ぬことはなかった。

1回目のアクシデントから3年後くらいだろうか。釣り仲間のひとりが釣り雑誌の取材を受けるというので助っ人として同行。その日はシーバスはさっぱりだったが、カレイの稚魚やらバチなどのベイトがフックに絡んできて、編集者が喜んでカニやら小魚を撮影していたので、私も誌面作りに協力しようと「こんなのも釣れましたよ（笑）」と手のひらサイズのかわいいアカエイを、まさに手のひらに乗せて差し出したところ、ペチっと可愛らしい尾ビレではたかれた。

「ぎゃ、痛えっ！」

まさかこんな赤ちゃんがそれほど狂暴とは思っていなかった私は、今度は右手を刺されてしまった。長靴の中ではないので化膿こそしなかったが、グローブのようにパンパンに腫れあがり数日は痛くて眠れなかったが、幸いアナフィラキシーショックに見舞われることはなかった。

その後、子どもと堤防釣りをしているとハオコゼが釣れたので「その魚は危ない！」と言って駆け寄ったところ、びっくりした子どもが振り向き、その瞬間、ブラーンとハリに掛かったままのハオコゼが目の前に来てしまい、思わず右手で払いのけたところ、「痛えっ！」とまたまた刺されてしまったことも。アカエイほどではないが充分すぎるくらい痛いし、ちゃんと腫れてくる。ただし、こちらはひと晩で痛みは治まった。

こうしてようやく重い腰を上げてエイガードを購入したが、現在はあまりウエーディングをしなくなったので出番もあまりない。ただし、長時間同じところに立ち続けて釣っているとエイのほうから近づいてくることは覚えておいたほうがいい。

Accident File 119.

W転落！

夜の堤防から転落——。もう17年も昔のことであり、トラウマの呪縛から「時効だよ」と解いてやりたい気持ちから代筆させていただく。我が会としても非常によい教訓を得た。

体験者 **坂井勇二郎（サカイユウジロウ）**

千葉県君津市在住。千葉サーフ会長。今回の原稿の書き手ではあるが、厳密には今回の話の体験者ではない。その理由は原稿をご覧あれ。

実際の沖堤防の海面からの高さ。夜中にここから転落すれば大変なことになると分かるだろう

リードにも書いたが、編集者から「死ぬかと思った事件」を聞かれ、「ああ、沖堤で落ちた人が……」と17年前のあの日を思い出したが、落ちた本人からすると生真面目な性格上「クラブと関係者へ大変な迷惑を掛けた」という自責の念が強く、「けっして思い出したくない」「触れてもらいたくない」と過去のトラウマと化していた。しかしもう17年も昔のこと。時効であり呪縛から解いてやりたい気持ちもあった。そこで本人に代わり、クラブの会長である私が当時のレポートから再現することにした。また、身近な堤防からの転落にどんな危険が潜んでいるか参考にしていただければ幸いである。

それは平成15年7月20日の土曜日の出来事だ。当日は我がクラブ（千葉サーフ）の7月例会。土曜日夕方～日曜朝までの夜釣りでの例会だった。主なねらいはニベの大もの。集合場所の大洗港には12人が集まったが、雨予報を気にして意外にも沖堤へ渡る人が4人しかいなかった。その4人が今回の話の登場人物（年齢は当時）だ。

●タケちゃん（42歳）某上場企業勤務のサラリーマン。穏和で誰からでも好かれるいたってまともな人間。妻帯者、娘1人。ヒラメ釣りが得意なので「ヒラメのタケちゃん」と呼ばれている。

●ヒロさん（66歳）某大手証券会社を定年し悠々自適の生活。これまた穏和な紳士。

●ヨッシー（39歳）某大手工作機器メーカー勤務のサラリーマン。妻帯者、子ども2人。いつも笑顔で柔和な性格。

●倉じい（62歳）都内で自営業。妻帯者、子どもなし。新人相手に道具いじりのうんちく講釈が始まると止まらなくなる。

この4人が、「高齢＋若手」の組み合わせで沖堤防の南と北の二手に分かれ、午後4時の船で大洗沖堤に渡った。北に入ったのがタケちゃんとヒロさん。南にヨッシーと倉じい。渡船後、タケちゃんとヒロさんは30mほど離れて釣り座を構え、テトラの入っていない内側へ投げザオをだした。周囲には一般の釣り客が3人おり、外側のテトラ際で穴釣り（アナリストと言う）をしていた。そのアナリストは日没前に帰り、入れ替わりで2人のアナリストがやってきた。

この日の海況は穏やかで波は低く、日が暮れてから北～北東風が弱く吹きだした。釣りのほうは、日没までに内向きでマコガレイ（30cm）や小型アイナメ（20cmクラス）が、日が暮れてからはマアナゴが掛かった。タケちゃんは投げ釣り以外にも、根魚（アイナメ、メバル、ソイ）を釣るためへチザオを持って探り歩いていた（救命胴衣は着用している）。

タケちゃん談

――日没後、暑かった陽射しもなくなり、目の前の花火を見ながら食事をした。快適な夕涼みだ。昼間から動いているので当然のように眠くなり、ここで仮眠をとった。涼しい堤防の上で横になるのは気持ちがよかった。しばし仮眠してから起床。時間は午後11時前。投げザオのエサを付け替え、へチ釣りを再開。そして堤防際を歩いているとき、何かにつまずき「アッ」と思ったときには体勢がよろめき、瞬時に落水を覚悟。スローモーションのように海へ（大洗沖堤は水面から堤防上まで6mのタモでギリギリ届く高さ）。

つまずいたのは、堤防上に横たわる太いロープだった。この時初めてライフジャケットを脱いでいたことに気がついた。仮眠時に枕にしていて、起きてからそのままジャケットなしで釣りをしていたのだ（深く反省）。落水後、初めのうちは衣服の空気が浮力になって身体は浮いていた。足もとはブーツ。衣類を着ているため自由が利かず足は動かせない。衣類を脱ごうとしたが濡れているため難しく、断念して堤防のへリにしがみつき、助けを求める声を上げた――

ヒロさん談

――花火見学のあと、徐々にモヤが出てきて陸の灯りが見えなくなってきた。夜11時過ぎに「おーい、おーい」という人を呼ぶ声が聞こえる。あとから渡ってきたアナリストが大ものでも釣れたので仲間を呼んだものだと思っていた。が、また「おーい」の声が聞こえるが姿は見えない。釣果を聞こうとタケちゃんの場所に向かってみるも、並んだサオの周りに誰もいない。「？-？-？」となって付近を探すと「おーい」と堤防内側の海面から呼ぶ声が聞こえる。ヘッドライトの明かりを照らすと、水面に浮かぶサオと直下にタケちゃんの浮かぶ姿を発見。すぐに状況を理解し、ロープを投げるべく水汲みバケツを取りに戻ると、渡船時に船頭から渡された救命浮き輪付きロープを思い出し、これを下ろすとタケちゃんがつかまり、とりあえずひと安心したものの、さてどうするか……。

まずは船着場の階段に向かってそのままロープで引っ張って誘導する。誘導しながら800mくらい先にいるヨッシーに電話して助っ人に来てもらうことにした。船着場まで誘導したもののどうすることもできずに困っていると、アナリスト2人がやってきた。そのうちの1人が水面からの引き上げに協力してくれたが、潮が下げていたため階段下から水面まで1・5mほどあり、その間に縄バシゴは設置されていたが、身体が濡れて重くなったタケちゃんは自力で縄バシゴを登れない。そのため、浮き輪を股に挟んだ状態で引き上げようとしたが、ロープが細くて2人の力ではとても引き上げられない。

そうこうしていると、海面にライトが灯って船がやって来た。近づいた船にはなぜかヨッシーが乗っていたのでびっくりした。ヨッシーがすぐにタケちゃんを船内に引きあげようとするが、やはり1人ではあがらない。船頭も協力してなんとか引き上げることに成功。時間は11時30分。

ちなみに私（坂井）自身は当日、集合後に日立港の新堤防（白灯堤防。当時は入れた地続きの長い堤防）に向かった。穏やかな海で快適な夜釣りをしていたら、11時過ぎに倉じいから着信があり、電話に出ると非常に慌てており「○×△▽‼」と何を言っているのか理解できなかったが、要は「タケちゃんとヨッシーが海に落ちた」「どうしよう、どうしよう」ということだった。「どうしよう」と言われても、ここは大洗から20㎞も離れた日立だ。「すぐに自分たちで、ロープで助けるか渡船屋に来てもらうしかないだろうに」「ベタ凪の海だからどうにかできるだろう」と返すも、倉じいは興奮、混乱しているようだった。とりあえず速攻で道具をしまい、同行のYさんと大洗に向かった。

あとから聞いた話によると、ヒロさんがヨッシーに携帯で助けを求めたあと、ヨッシーは倉じいとともに小走りで北へ向かいながら船頭の携帯へ電話し、その会話中に堤防の曲がり角を曲がらず直進して海へ転落したそうだ（マンガみたいな話だが本当の話）。

つまり、この時点で堤防上にいた若い2人は海の中へ。残されたのが高齢者2人。そこで慌てた倉じいが私に電話してきたのである。ちなみに船頭はヨッシーと通話中だったため、1人が転落中であることは聞いたうえで、それを伝えてきた本人も今しがた転落したことを知った。通常なら港から片道15分はかかるこの沖堤に、自宅にいたにもかかわらず20分ほどで駆けつけてくれたのだ。

船頭とすぐに連絡が付き、船頭がすぐに駆け付けてくれたのもラッキーだったし、ベタ凪だったこともラッキーだった。ライフジャケットを着ていたので、特に慌てることもなく穏やかな海で助けを待っていたヨッシー（たぶんニコニコしていたのが想像できる）から先に難なく救助したのちタケちゃんも救助したのだった。本人は堤防につかまったときに、両手の指先に裂傷を負っていたが、気が動転していたため痛みなど全く気がつかなかったそうだ。

先に転落したタケちゃんだが、海に浸かっていたのはわずか30分ほどにもかかわらず、ライフジャケットを着ていなかったため無駄に体力を消耗してしまい、身体の震えが止まらなかったようだ。救出した際、本人は「大丈夫」と言っていたが、陸にあがり船頭宅で風呂に入り、その後、近くの病院へ送ってもらい電気毛布で暖め、ベッドで朝まで休んだにもかかわらず、体温を測ると何度やっても体温が上がらず、体温が上がってから計っても34・2℃しかなかったようだ。点滴を打ち9時の往診後退院となった。

真夏とはいえおそらく時期的に海水温は19℃ぐらいだったと思う。常磐の海は岸沿いに親潮が流れているので、千葉県以南の海とは違い岸沿いの水温は上がらないのだ。わずか30分程度で低体温症になるとは恐ろしい。これで救助がもう少し遅かったら、季節が真夏ではなかったら、海が荒れていたら……最悪の事態になっていたかもしれないと改めて肝を冷やした。

最後に今回の事故で得た教訓を3つ。

①ライフジャケットの常時着用。暑いからといって沖堤で脱いでしまう人をよく目にするが、たとえ裸になっても一番外側にはライフジャケットを着ていなければならない。

②寝起き直後に注意。うちのクラブにも目が覚めた直後は寝ぼけてしまっている人が少なからずいる。状況が飲み込めないまま行動すると非常に危険である。

③慌てずに冷静な対処を。あとから思えば、今回の件もライフジャケットをロープで縛って海へ投げれば着られたのかもしれない。携帯電話を携帯して船頭の電話番号も登録していたのはよかったが、携帯で話しながらの移動は事故のもと。二次災害につながるので注意したい。

ちなみに最初に落水したタケちゃんはひどく反省し、後日、迷惑を掛けた渡船業者へお詫びをして、以後この船頭とはクラブ共々、沖堤防の渡船終了まで良好な関係を維持することができた。船頭さん、その節は大変お世話になりました。またたくさんの大ものを釣らせていただき、ありがとうございました。なお、落水していない倉じいだが、この恐怖体験を機に沖堤防に渡ることがなくなったのだった。

Accident File 120.

オニダルマオコゼ！

沖縄の方言で「アーファ」と呼ばれる超危険生物。迂闊に立ち込んで地雷を踏む事態が後を絶たないが、私は波打ち際を歩いていたのに超激痛の罰ゲームを受ける羽目に！

体験者　仲村渠 雄也（ナカンダカリタケヤ）

沖縄県那覇市在住。23フィーとのプレジャーボートを所有し慶良間諸島で釣り三昧のほか潜り、キャンプ、オフロードバイクなどアウトドアライフを超満喫中。釣った魚は経営する居酒屋で振る舞っている。

この魚は刺された3ヵ月後、那覇沖のチービシ諸島へボートで遊びに行き、潜って捕まえた奴で私を刺した犯人ではない。これまでもアウトリーフなどでよく見かけていたが、刺されてからは獲って食べるようにしている(笑)。淡泊な白身なのに後味に香ばしさがあって大変美味

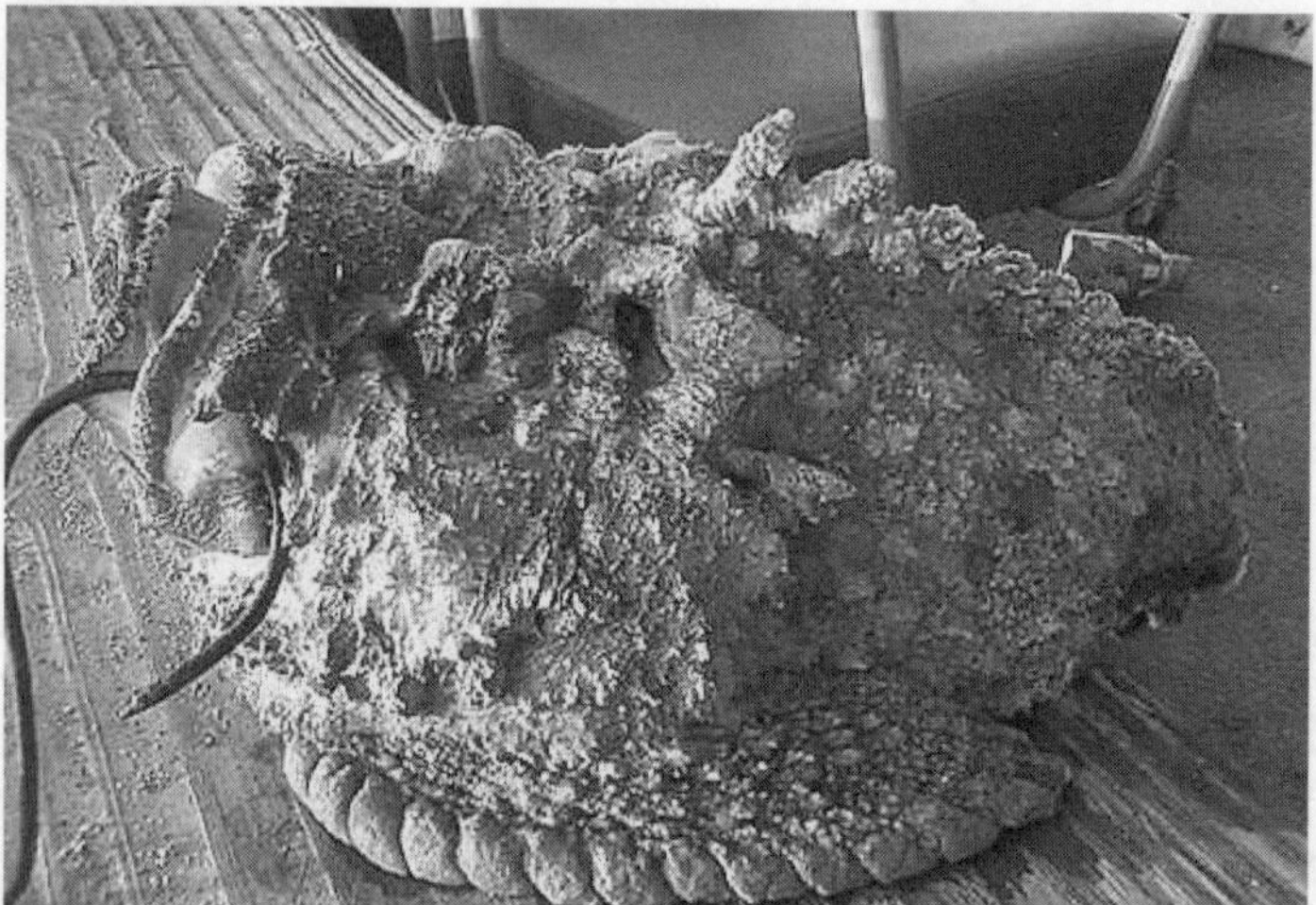

それは２０１１年7月18日の月曜日、そう、よりによって海の日の出来事である。せっかくの祝日なのに台風が接近していたが、ラッキーなことに台風がそれて天気もよくなった。そこで急遽、両親と従兄弟たちを誘って一緒に読谷村へドライブに出掛けた。

なかなか外に出られない親父を乗せて、村役場や補助飛行場跡やＧａｌａ青い海などを巡った。すると親父が「チビチリガマ（沖縄戦で集団自決のあった鍾乳洞）に慰霊に行こう！」と言ったが、このあとは子どもたちと海水浴を楽しむ予定だったので「慰霊は次の機会に！」と伝えて、午後３時からみんなで残波ビーチ隣のいちゃんだビーチに行った。

残波ビーチはよく釣りに行くところで、沖縄でチンと呼ぶミナミクロダイがねらえ、過去にはミノーで48・５㎝の大型も釣っている。車内には常にライトタックルを積み込んでいるので、魚の気配があればねらうつもりでもいた。

着いたのはちょうど大潮のど干潮なのですぐには泳げない。まずはタープを立て、ゴザを引いて休み処を作る。それから子どもたちとモーモー（セミの抜け殻）を集めたり、ヤドカリを捕まえたりして遊んでいると、５時半ごろ、磯と磯の間の砂浜まで潮が入ってきたので浮き輪を膨らまし、娘と海に入った。

水深は50㎝くらい。濁っていて海中が見えない波打ち際を歩いていると、何か岩のようなものに足をぶつけてしまった。

その瞬間、猛烈な痛みが足から伝わった。すぐに砂浜に上がり、クロックスを脱いで確認すると、足の甲に針で刺されたような痕があり、そこから血がにじんでいる。

毒のある生き物に刺されたのだと確信した。とんでもない激痛が襲ってくるなか、毒を出そうと患部を指で押して血を出すようにした。

みんなにはすぐに撤収作業をしてもらい、Ｇｏ Ｈｏｍｅ！　那覇に戻るまでに痛みが治まるどころかますます痛くなっているので病院に行くことにした。

これまでもスズメバチの大群に襲われたり、カツオノエボシに刺されたりと痛い目にたくさん遭ってきたが、今回の痛みはそれらとは比較にならない強烈な痛みだった。

診察してくれた先生も生物毒には知識がないらしく、いろいろ調べてとりあえずの応急処置として、血液検査やら破傷風の筋肉注射、人生初の抗生剤の点滴を打ってもらった。

何度目かの被毒だったことからアナフィラキシーショックを起こす可能性もあるため入院するよう勧められたが、家のほうがテレビを見たりして気がまぎれるので帰宅させてもらった。

翌日の火曜朝にはだいぶ痛みも引いたが、刺されたあとから38～39℃の高熱が出て、一日経っても熱は下がらなかった。さすがに意識が朦朧としていたが、やらなきゃいけない急ぎのデスクワークなどがあり出社。とりあえずの仕事を終わらせると早めに退社し、7時に病院へ抗生剤の追加点滴を打ちに行った。

水曜日にようやく熱も下がって歩けるようになったが、足がパンパンに腫れたままなので靴を履くことはできない。痛みも消えたわけではなく強烈な激痛が鈍い痛みになっただけで、充分に痛みが続いていた。

ここまで、刺した生き物の正体ははっきり分からなかったが、刺された場所、傷口や毒の症状などから、ほぼオニダルマオコゼで間違いないと判断。先生の見解も同じだった。

沖縄の方言で「アーファ」と呼ばれるオニダルマオコゼはサンゴ礁など浅い海に生息し、インド洋、太平洋西部の熱帯域に分布。日本では小笠原諸島、奄美大島、そして私の住む沖縄周辺に分布している最強の猛毒を持つ超危険生物だ。

以前から恩納村などで小学生がオニダルマオコゼに刺されたというニュース記事をよく目にしていたが、本当に一緒にいた娘が踏まなく

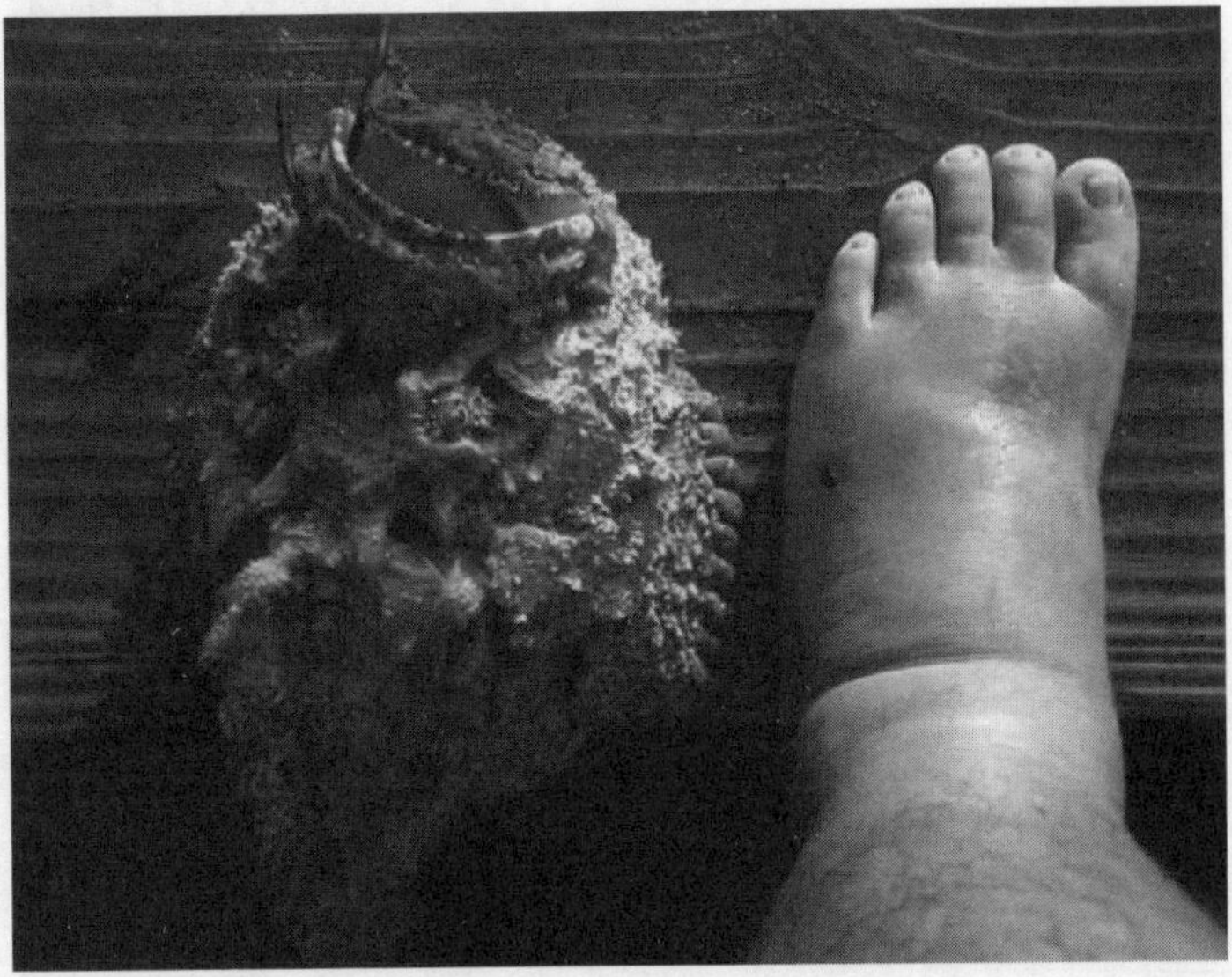
3ヵ月後でもこの腫れ。刺された跡もはっきり残っている。これでもだいぶよくなった頃で、ひと月くらいは周囲の肉が腐ってとても不安になった

てよかったと思う。この激痛に子どもが耐えられるとは思えないし、刺された直後はあまりの激痛でどうすることもできない。失神して溺れてしまう可能性だってある。

それにしても、なんの因果でよりによって海の日にこんな罰ゲームを受ける羽目になってしまったのか……。海の神様の「調子に乗ってんじゃねぇぞ！」という声が聞こえたような気がした。

しかも、慌てていたので気が付かなったが、25年も愛用していた超お気に入りのＧＵＬＬの水中眼鏡を紛失してしまったのには凹んでしまった。まあ、いろいろバチが当たったのであろう。

その後も微熱が続き、刺されてひと月ほどは患部の周りの肉が腐ってきて異臭を放っていた。病院の先生からは「自然治癒します」と言われたが、このまま壊死してしまうのではと怖くなり、違う病院でも診てもらうと「麻酔をかけて腐った部分を切除することもできるが、あなたは若いので自然治癒で大丈夫」と同じことを言われてようやく納得。

３ヵ月経ってもパンパンに腫れたままだったが、その後はしだいに自然に治っていった。管理された海水浴場ではない磯場で水遊びをする際にはダイビングブーツを履いたうえで充分に用心したほうがいいだろう。

Accident File 121.

ダム放水！

「渡れ！」の指示から右岸に渡り切るまでおよそ30秒。そんなわずかな時間で急激に濁流と化したのだ。あと少し徒渉が遅れていたら……そう考えるだけで恐ろしさは倍増する。

体験者 **浦壮一郎（ウラソウイチロウ）**

埼玉県春日部市在住。長良川河口堰ほか多目的ダム建設計画など公共事業問題を中心に取材を続けるフォトジャーナリスト。砂防ダム、治山ダム問題についても意欲的に取材。

この川に慣れた地元の釣り人がガイドをしてくれ、わずかな異変に気付いたから間一髪で助かったものの、もしも彼がいなかったらどうなっていたのか

長年釣りの撮影をしていると、さまざまな形で不測の事態に遭遇することがある。海や湖沼、河川と、そのすべてが自然のフィールドであるだけに危険も常に隣合わせだからだ。特に天候の急変には気をつけなければならないが、好天に恵まれたとしても危険度はゼロにならない。

たとえば海の場合、伊豆のゴロタ浜で大波をかぶり、立っていた石から滑り落ちて沖へ引きずり出されそうになったことがある。渓流では滝を越えた直後に足を滑らせ、真っ逆さまに滝壺へと転げ落ちたことも。そうした経験から、危険を察知する「勘」みたいなものを徐々に身につけたように思える。

そのためか意外にも九死に一生といった経験は多くない。たとえば豪雨による河川の増水は恐ろしいが、あらかじめ予報を確認してから出掛けるのが常識で、それは源流においても同様だ。雨予報を知った上で出掛けた際は特にテント場の選択に充分に気を遣っており、増水時でも水に浸からない場所、あるいは背後の高台に避難できる地形を選ぶなどして対処してきた。実際に豪雨で停滞を余儀なくされた経験もあるが、その際は日がな一日、濁流を眺めながらテント場で時間をつぶすだけ。と、このようにあらかじめ危険を察知していれば「死ぬかと思った」というほどの一大事にはいたらないのだ。

ところが予想だにしない急激な増水の場合はそうもいかない。それこそ九死に一生、あるいは現実に死んでしまう可能性が出てくる。急激な増水には2つの例がある。ひとつは地滑りなどによる自然現象としての鉄砲水。もうひとつはダム放水である。後者は雨が降っていない場合でもあり得るだけに、実は一番恐ろしい。

10年ほど前だっただろうか。フライフィッシングの撮影で秋田県の早口川を訪れた際にそれは起こった。

2日間の予定で出掛けた初日は早口川の支流にイワナねらいで入渓。尺を超える大ものは出なかったものの、ポイントごとに良型が姿を見せたため同行者共々安堵し、良好な出だしに気をよくしていた。天候はほぼ快晴。ほぼ、としたのは局地的に豪雨になっていたからだ。

午後になると遙か上流の空に暗い雲が広がる時間があった。しばらくすると渇水気味だった流れは少しずつ水位が上昇し、最終的には茶褐色の濁流となりやむなく撮影は中断。その数十分後には我々がいる区間にも雨が降ってきたが、ほんのわずかな時間で雨雲は通り過ぎていった。そしてまた青空に戻るのである。

典型的な局地的豪雨だが、この時の増水は緩やかだった。上流にダムが存在しないため、降った雨はブナ林に染み込んでゆく水と小さな枝沢に流れ込む水とに分かれ、枝沢に入り込んだ水が集まって下流の水位をゆっくりと上昇させていく。最終的には徒渉が不可能な濁流になったものの、その過程が緩やかならば余裕を持って退避することができる。もともと渇水だったこともあって、水位が少し増え始めたかな、という時間帯はむしろイワナの反応がよくなったほど。とはいえ念には念をということで、増水する前にのんびりと林道へ上がった。

ダムのない自然の流れでは、地滑りでも発生しない限り増水は緩やか。ところがダム河川ではそうもいかない。この時もし判断に迷いが生じていたら、おそらく死んでいただろう。

翌日は早口川の本流、早口ダム下流の減水区間にヤマメねらいで入渓した。この日はガイド役として地元のフライフィッシャーが駆けつけてくれたため、私と同行者、ガイドの3名での釣行だ。早口ダムで取水された水は約5㎞下流の発電所まで運ばれており、ダムから発電所までの間は通年水位が低い減水区間となっている。釣りやすいが魚がスレている場所と言い換えることもできる。

天気は晴天。前日のようにどこかで雨が降っているようすもなく安定している印象。減水のため徒渉ポイントの水位は膝下程度。場所を選べばくるぶしが浸かるくらいの瀬を渡ることもできた。釣果はまずますといったところ。尺ヤマメ1尾のほか良型のヤマメが適度にドライフライに反応し、入渓地点から2㎞弱釣り上がった辺りですでに撮れ高は充分。腕のよいガイドが同伴することのありがたみを実感しながらさらに上流を目指した。

しばらく遡行を続けると「何かおかしい」と言ってガイドが流れを凝視している。少し濁りが入り始め、枯れ葉などが目立つようになったのだ。ガイドが異変に気づいた直後には急激に濁りがきつくなり水位も上昇し始めた。

我々3名がいたのは左岸側。車道は右岸側にある。そこでガイドが「急いで渡れ！」と指示。私はカメラを手にしたまま（しまう時間すらなかった）対岸を目指した。流れの中程まで渡った時点ですでに水位は腰付近まで上昇。対岸の岩にしがみついてなんとか渡りきるが、水位の上昇は治まらず岸辺にいたままでは安心できない。そこで木の枝を握りながら急斜面を這い上がり、不安定な体勢ながら流されずに済んだことにそれぞれが安堵の表情を浮かべた。

「渡れ！」の指示から右岸に渡り切るまでおよそ30秒。そんなわずかな時間で急激に濁流と化したのだ。あと少し徒渉が遅れていたら……そう考えるだけで恐ろしさは倍増する。

自然増水なら一気に水位が増水することはない。徐々に増えるなら釣り人も変化に気づきやすく、避難するまでの時間的な猶予もある。ところがダム放水は人為的にゲートを開けるだけ。下流にいる釣り人が一瞬の変化に気づかず、もし初動が遅れたら逃げ場は皆無なのだ。

ダム放水ならサイレンが鳴るはずだろう？　そんな声も聞こえてきそうだが、少なくとも我々がいた場所からサイレンの音は聞こえなかった。早口ダムの管理事務所では、放流量にかかわらず（放流量が少ない場合も）サイレンを鳴らしているという。しかし当日は3名ともサイレンの音は聞いていない。ダム管理事務所の主張が真実であるなら、サイレンが聞こえない場所が存在することになる。蛇行を繰り返す渓流、その地形によってサイレンの音が遮られた、ということだろうか。

いずれにせよ、できることならもうダムの下流には入渓したくない。が、残念ながら日本の川はダムだらけ。注意しつつ入渓するほかなさそうだ。尚、ダムによっては放水量が少ない場合にサイレンを鳴らさないこともある。そうした河川では確認の上で入渓することをおすすめしておく。

Accident File 122.

アニサキスアレルギー！

ある日突然、誰もが発症する可能性がある。釣った魚を自分で捌いて美味しくいただくのが何よりの楽しみだった僕にとって、ある意味で釣り人としての死亡宣告に近かった——。

体験者 **佐藤剛（サトウタケシ）**

1969年生まれ、群馬県在住。海無し県に住みながら新潟県柏崎港の遊漁船アシストクラブの秋山キャプテンを師と仰ぎスキッディングという新しいジギングスタイルのインストラクターとして活動中。JGFAラインクラス日本記録、IGFAオールタックル世界記録保持者。

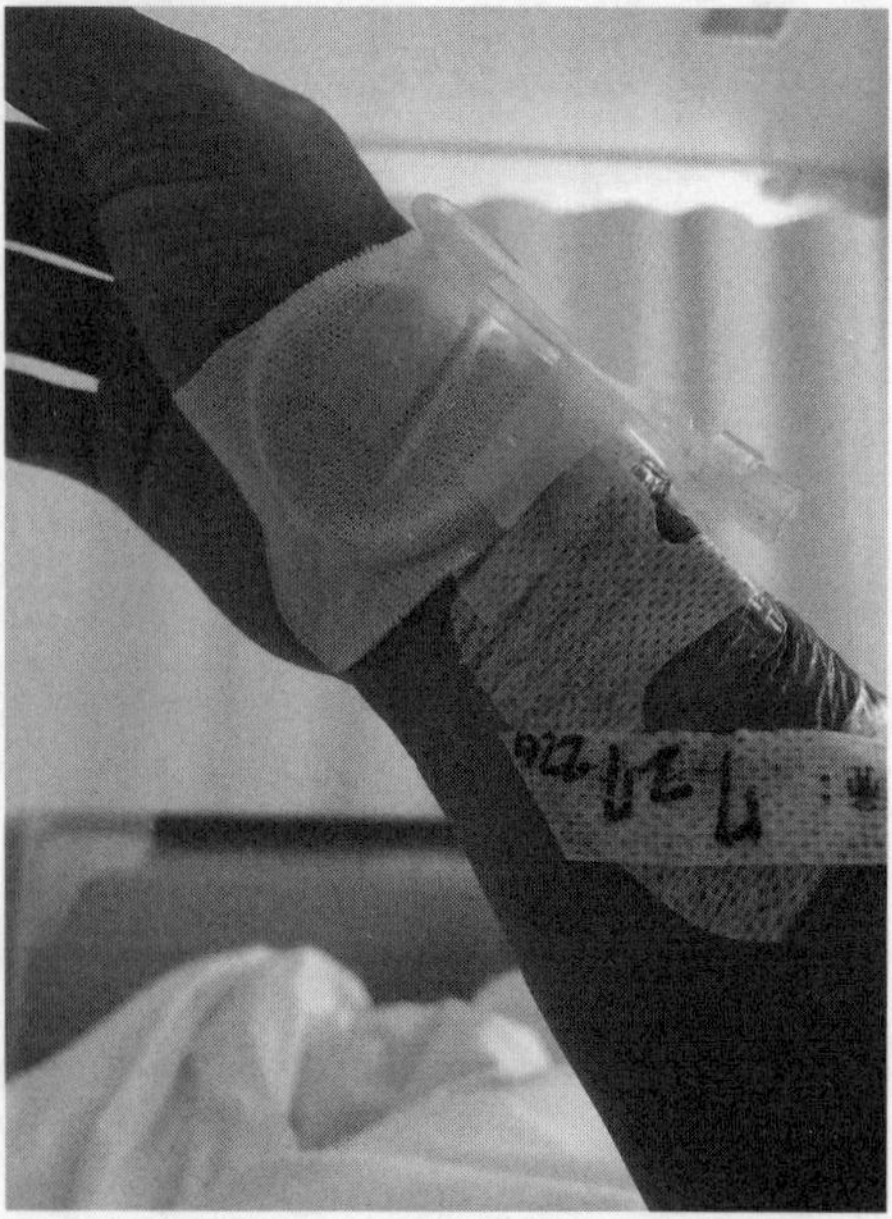

医師からは「あと５分遅かったら恐らく死んでいた」と言われた。同じ症状になったら迷わず救急車を呼んでほしい

アニサキスアレルギーをご存知だろうか。「あ～、生の魚を食べて、虫が胃に噛みつくやつね」と思った人が大半だろう。それはよく知られたアニサキス症であり、今回、僕が経験したのはその認知度の高いアニサキス症ではなく、まだあまり知られていないアニサキスアレルギーだ。先に述べておくが、僕は花粉症どころかアレルギーに対して全く無縁であった。

２０２０年7月26日深夜、僕はアナフィラキシーショックを起こし意識喪失状態に陥った。原因は夕食の中にアレルゲン（アレルギー症状を引き起こす原因物質）があり、それによる食物アレルギー反応によるものらしい。

その夕食はいつものように自身で釣った魚を捌き、その他の料理も作った。お品書きはアラ、ウッカリカサゴ、キジハタ、ケンサキイカの刺身にメサバ。サバといえばアニサキスの寄生主として知られるが、釣りあげた直後の活きている状態でエラと内臓を取り、サバ折りをして血抜きを行ない、臭みとアニサキス症対策をしっかりと行なったうえで、釣った当日に仕込んだ新鮮極まりないメサバである。ちなみにアラ以外は前日に釣った魚だ。そのほかベーコンとエビとインゲン豆のアヒージョ。新潟県栃尾地区特産の油揚げ。今思えば、アレルゲンのオンパレードを肴にウィスキーとレモンサワーを呑んでいた。

料理を作り終えた僕は、息子たちと19時頃から釣りの話をしながら1時間半ほど夕飯を食べながらグラスを傾け、食後はソファーに横になってテレビ鑑賞をしていた。

食後30分ほど経った頃、突然頭が痒くなってきた。汗と整髪剤とほろ酔いが原因で頭が痒くなったのだろうと気にも留めずにいたが、徐々に頭の痒みは我慢できないほど酷くなり、腕には蕁麻疹が浮かび上がっている。

しかし、数十年前にも一度蕁麻疹を経験したが、寝たら治ったので今回も風呂に入って寝てしまおうと入浴してみる。が、あまりの痒さに頭と顔だけ洗って早々に風呂から上がると保冷剤で痒い部分を冷やして対処してみる。

頭が痒くなりだしてから、かれこれ1時間ほど経った頃、今度は急激な吐き気に襲われ、トイレに駆け込んだ。数回嘔吐を繰り返していると、追い打ちをかけるように下痢が始まった。

「夕食の何かにあたったのか？」

この時はそのくらいにしか思っていなかった。実際、嘔吐を繰り返すと胃の中身がなくなったのか吐き気はだいぶ落ち着いた。しかし、下痢は相変わらず止まらない。

その後、なんとか下痢も落ち着いたので、水分補給をして寝ようとベッドに入るが、蕁麻疹がさらに酷くなり手のひらが痒い。それも手のひらの中が痒いので保冷剤で手を冷やしてはみても焼け石に水。そのうちにまた吐き気が襲う。トイレに行こうと起き上がると今度は貧血状態のように目の前が真っ暗になりまともに歩けない。同時に今度は唇に痛みを覚え、唇を触ると口の周りが硬くなり腫れぼったい。

この時点でようやく僕は「もしかしてこれヤバイかも?!」と思い、妻に頼んで病院に電話してもらい、その間にトイレに駆け込む。本来ならこの時点で救急車を呼ぶべきだったが、僕にはその選択肢がなかった。理由は、救急車とは、命の危機に瀕して一分一秒を争う人が使う物だと思っていたからである。まさか、その命の危機が自分に忍び寄っていることなど知るよしもなく、のちに、担当医師に怒られることとなったのは言うまでもない。

ヨロヨロとトイレから出ると、「今から診察してもらえる」とのことで妻に病院まで車に乗せて行って貰うわけだが、玄関から車に向かう間も意識が朦朧とし、ヨロヨロとあらぬ方向に歩きながらやっとの思いで車に乗り込んだ。病院までの所要時間は15~20分。その間の記憶はほとんどない。

妻の話によると病院に着いた時刻は23時前とのことだったので、発症から約2時間弱ということになる。救急外来の受付前の椅子に座っていたが、それすら辛いので廊下に座って壁に寄りかかっていると「血圧測定をセルフで」とのことで、呼吸が苦しい状態で正しく測れたかどうかもわからないまま数回やり直していたような記憶がある。また廊下に戻り、壁に寄りかかりながら床に座った時点で僕の記憶は途絶えた。

次の記憶は廊下に横たわった僕の頭に妻が枕代わりにとタオルを敷いてくれたときのこと。今思えば全身に蕁麻疹が出ていたはずなのに病院に向かうところから痒かった記憶はない。

ふたたび記憶は飛び、次はストレッチャーに乗せられている。その次は処置室で自分の名前を呼ばれている。と言う感じで、この時の時間経過は全く分かっていない。あとで聞いた話だが、血圧測定の後、別の方の救急搬送により僕の診察の時間がさらに遅くなるという説明を受付職員から妻が聞いている時、廊下で座っていた僕が完全に意識を失い床に倒れて頭を打ったとのこと。これで緊急性が高まり診察が優先になったらしい。次の日、「俺、おでこ痛いのだけど何処かぶつけた?」と聞いたら妻と娘が笑いながらそう説明してくれた。

話は逸れてしまったが、処置室で名前を呼ばれて意識がなんとなく戻り返事はできるがとにかく苦しく横向きの状態で呼吸をするのがやっとで体を動かすどころか仰向けにすらなれない。そんな状態ではあったが医師と看護師の会話はしっかりと聞こえていた。その時の会話である。

医師「バイタルは?」

看護師「バイタル取れません」

医師「アドレナリン用意して! それと点滴ね!」

アドレナリン注射を打ち、点滴処置後の会話が聞こえてくる。バイタルとは脈拍・心拍数・呼吸・血圧・体温の4つを指すらしい。

医師「バイタルは?」

看護師「バイタル戻りません」

医師「アドレナリンもうひとつ用意して! あと点滴を反対の手からも入れて!」

処置をされていると体温が上昇してくるのを感じ、相変わらず動けないものの意識がはっきりとしてくる。この時は一番呼吸が苦しく、初めて「このまま死んじゃうのかな?」と思っていたが、血圧が上がって来て、「血中酸素濃度も上がってきた」という声が聞こえてきた。が、不整脈も出ていたため処置室にてようすを見ることになり、その間に医師や看護師から直近に食べたものを聞かれたので前述の食材を答えたが、アニサキス症特有の腹痛がないのでアニサキス症は除外された。さらに症状がアナフィラキシーショックと一致するとのことで、劇症性があるアレルゲンとしてこれまでのアレルギー症状の有無と食生活の問診により、その時点での見解でエビがアレルゲンである可能性が高いと診断された。さらに医師がひと言。「あと5分遅かったら恐らく死んでいたよ」と。次にこうも言った。「こういう時はね、迷わず救急車呼んでください。助かる命も助からなくなっちゃうから」と怒られてしまった。

そして人生初の入院が決定した。とは言っても一晩の入院ではあるが。不思議なもので病室に移動する時には呼吸の苦しさや蕁麻疹はすでに皆無となっていた。正直、家に帰れるのではと思うくらい普通の状態にまで回復していた。しかし、アナフィラキシー症状は24時間、ショック状態になった場合は70時間以内に再発する可能性があるとのことで体力回復とモニタリングも含めてのお泊りらしい。

翌朝になり、配られた朝食のメニューには「エビ・カニアレルギー」と書かれていた。大好きなカニが今後食べられなくなるのかと改めて寂しい気持ちを持ちつつ、朝食のメインである赤魚の塩焼きを食す。その後、回診があり、通常であれば一晩で退院となるのだが、僕の場合は重篤症状だったのでモニタリングを継続とのことでもう一日入院することとなった。

そして、翌朝はサバの文化干しを食べて元気に退院となり、一週間後にアレルゲン特定のために血液検査を受け、そのまた一週間後に検査結果を聞きに行くと驚愕の結果を聞くこととなった。

『アニサキスアレルギー』

クラス4。6段階のうちの4である。たまたま3ヵ月ほど前にアニサキスアレルギーの存在は知っていたのだが、それでもアニサキス症の酷いものぐらいにしか思っていなかった。活きたアニサキスがいなければ問題ないでしょ？　と、完全に他人事であった。

しかしアニサキス症は胃に活きているアニサキスが入らない限りは発症しないが、アニサキスアレルギーはアニサキスが活きていようがいまいが、さらには現存しようがしまいが関係なく、かつて存在した痕跡があるだけで、つまりアニサキスの蛋白質だけで発症してしまうとのこと。アニサキスが移動した際に残った粘液や糞や卵でも発症する可能性があるのだ。

しかし入院中の食事を思い出して欲しい。「赤魚」「サバ」と食しているが再発はしていない。熱処理をしたことにより蛋白質が分解されたのか、またはアニサキスが存在していなかった魚のどちらかであるわけだが、そもそも加工食品では調べようがない。

いろいろと調べてみるとアニサキスには14種類もの蛋白質があるとされ、どの蛋白質が発生源になるかは解明されていない。発症についても、生魚そのものだけで発症する人もいれば、加工品を含め魚介全般で発症している人もいる。つまり熱処理しても分解されない蛋白質があるということで、それこそアニサキスの中間宿主となるアミやオキアミを捕食する魚全般に可能性があるのだ。

そのことを踏まえ、ほんの一部の例を挙げると、魚のすり身を使ったかまぼこやちくわ、シラスのふりかけ、キムチ、削り節、煮干し、鰹だしのめんつゆ、さらには川魚でも降海型の淡水魚、アユ、ウナギなどもアウトとなる。
しかし、中間宿主とならない大型のエビやカニ、貝類、タコなど、アニサキスの蛋白質がないものや明らかに生息していない部位であれば、魚そのものを食べても大丈夫ということになる。けれども、大好きな魚ではあるが命を懸けて食べる勇気は僕にはない……。

食べる以外に気を付けなければならないのが魚釣りや魚を捌くときである。幸い僕はルアーフィッシングをメインとしているのでエサは基本的に使わないが、オキアミやアミコマセ、イワシミンチなどのエサや魚の内臓などを素手で触ると蕁麻疹が出る可能性がある。さらに、手に傷があると、そこから体内にアレルゲンが入りアナフィラキシーショックを起こす可能性もあり、それらのことを踏まえ常に意識して行動しないとまた病院送りになる可能性があるのだ。魚体表面は何とも言えないが、下アゴに親指を入れるバス持ちや尻尾あたりを持って撮影をしているが今のところ大丈夫である。

アナフィラキシーショックを一度起こすと二度目は死に至るまでの時間が早くなると言われている。今現在、僕はエピペンを処方され不測の事態に備えてはいるが、それを使うことがないように魚類断ちを始めた。でも、ラーメン屋や食堂に行った際に出汁は何を使っているかを聞けない小心者なので外食もままならない。が、死なないための努力と思い自分自身を納得させている。家族の協力もあり、とても感謝している。

アニサキスアレルギーを発症し、その後、治る見込みがあるかどうかは、魚介の完全断ちを数年することで陰性になりふたたび魚介を食べている方もいる。その逆で抗体が減らない人もいる。それでも私は魚類断ちをすることによって半年ごとに血液検査をして陰性になっていくことを期待している。

このアニサキスアレルギーは認知度が低く情報もとても少ない。ある大学病院でも今現在研究はされているが、まだまだ解明されていることが少ないのが現状である。

予防することはほぼ不可能だが、もしあなたが魚介を食べて数十分、数時間後、蕁麻疹、嘔吐が起きたとしたら迷わず病院に行くことを勧めるし、重症であれば迷わず救急車を呼ぶべきだ。

最後になるが、僕はアニサキスアレルギーが発覚してからもオフショアで釣りをしているが、美味しい魚や高級魚をキャッチすると心が揺れてしまう。しかし、食べられないからこそ、資源保護に努めリリースを大前提として今までどおり楽しんでいる。そしていつの日か、また美味しい刺身や大好きなお寿司を食べることを想像しながら釣りを続けていこうと思っている。

Accident File 123.

ヒグマ！

６ｍの釣りザオが届く距離に、とんでもなくデカいオスのヒグマが突然姿を現わした。推定体重は３００kg、それ以上かもしれない。逃げることも戦うこともできない状況に死を覚悟した。

体験者　与作（ヨサク）

北海道の日高地方在住。ＨＰ『与作と釣りin北海道』(http://yosaku-turinosekai.cocolog-nifty.com/)にて長年徒然なるままに、北海道にまつわる釣りの話、自然の話、動物の話から政治経済までの由無し事を書き綴っている。ちなみに与作とは今回の件を機に、釣りのお供として飼い始めたドーベルマンの名前。

命を守ってくれた武器の釣りザオは一生の思い出として残してある。ちなみに知り合いの猟師に貰ったこのシャレコウベは３歳くらいの若いヒグマのもの。あのときのヒグマはこれとは比較にならない巨大な頭だった

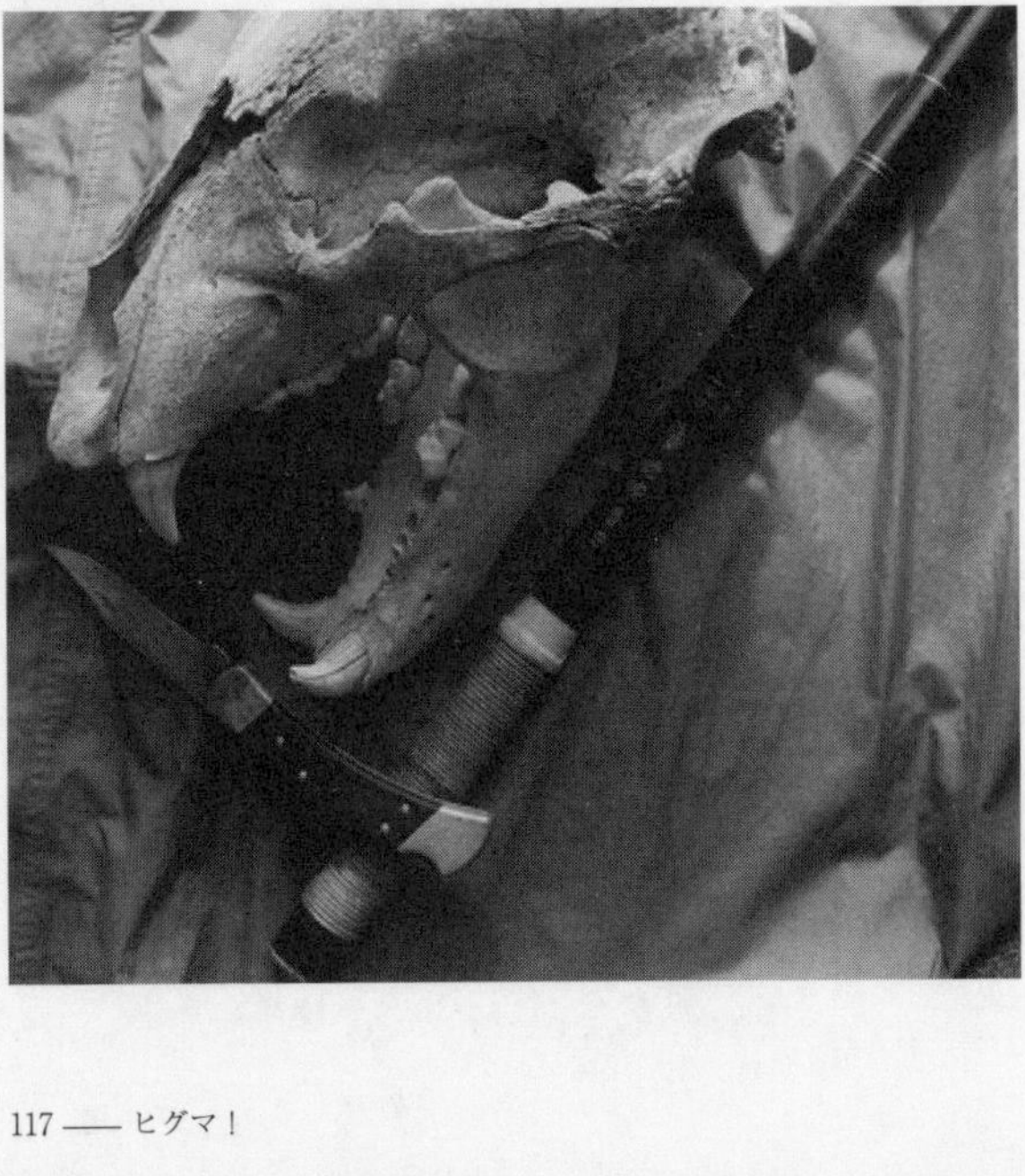

死を覚悟した瞬間――。長い人生、1度や2度の命の危機は人それぞれあるのだろう。愚生如きの、くだらない釣りでの経験だが、クマの生態のほか、何かの参考にでもなればと、ありのままを以下の駄文に残す。

さかのぼること2008年の初冬、北海道は日高山脈連峰の山奥で友人とふたり、原生林に囲まれた深い渓谷を流れる透明度の高い、豊かな水量を誇る川で渓流釣りを楽しんだ時の出来事である。

この川の透明度は高く、銘石と称される日高石のほか、石灰岩もあり、きっとカルシウム含量も高く、下流域に広がるサラブレット牧場で草を食む馬たちの健康も支えているのだろう。

渓谷幅は広い所で20~50m、ほとんどが80~100mの断崖、垂直に切り立った岩山、絶壁で囲まれており、絵になる渓相も含めて日本一の渓流とほれ込んでいる川である。今回、同行した友人は数年前に仕事で入渓されたことがあり、土地勘のある方だった。

この川で釣れるニジマスの青白く銀色に輝く魚体は、喩えようもなく美しく、ここで大げさな言い方をするなら、日本で一番贅沢な釣りを楽しみ、そして日本で一番恐ろしい経験をするとは夢にも想わず、である。

イントロが長くなったが、ここから本論に入る。

山道を2時間走り到着する。車を降りて渓谷に向かう山道を下ると、川原には数日前に降った雪がうっすらとあり、入渓者の足跡は全くなく、所々にシカ、キツネ、そして3歳前後と思われる子グマの足跡が散見される程度である。

友人は上流部へ、愚生は逆の下流部へそれぞれ単独釣行する事とし、待ち合わせ時間を夕刻前の2時30分に設定する。

入渓するとウエーダーを通じて伝わってくる水温はかなり低い。川幅は広い所で6〜8m、狭い所では4〜5m、水深は深い所では4〜5mはあったろうか。子供の頃から慣れ親しんだエサのミミズを流し込むと、面白いようにニジマス、アメマスが食い付いてくる。ほとんどが40cm以上で、50cmを超えるとミチイトがピュー、ピューと鳴り、両手で釣りザオを持ってもなかなか上がってこない。銀色がかった精悍な顔付きで、腹の膨らんだ奴もいる。それらを釣っては逃がしの繰り返しと、まさに釣り人にとっては地上の楽園そのものである。

なおも下流に向かうと、おおよそ100mくらいのほぼ垂直に峻立した絶壁の麓にある大岩に、水流がぶつかって深く渦を巻き、そこから川幅を狭めて左側に大きく流れを変え、続いてすぐに逆の右側に蛇行し、その先はこちらから全く見えない、深く流れの速い大きな、滝壺のような絶好のポイントに出た。

さっそく愚生は流れの速い川に腰まで入り、水流を後方からまともに受ける体勢なので流されないよう、ゆっくり中央部あたりまで注意しながら進み、川の中央に立つ。もちろん魚が掛かった際、取り込む場所まで確認し、両足が水流でさらわれないよう再度踏ん張るようにしてエサを川下の深い溜まりに流し込む。

一発で食い付くはずだ、まず一番大きい奴から。

ところが食わない！　二投目、やはり食い付かない。おかしい、何か変だ。こんな素晴らしいポイントの連続する川で、しかも抜きん出てよい溜まりでアタリがないなんて。落石でもあったのだろうか、いやな予感が走ったその時、瞬間的に流れ下った右側の岩陰辺りで、渦巻く深い溜りの中を何かが浮いている信じられない光景が目に入る。

神の悪戯なのか、今までに見たこともない直径が15㎝ほどの黒っぽい楕円形状の扁平な〝お皿のようなもの〟が大きな波紋を伴って水面上に浮き、しかも右左に大きく蛇行しながら、こちらに向かって来るではないか。

何だろう、わが目を疑う。あいつが潜ったり、泳いだりするのか、しかも冬に？　それはないだろう。でも……まさか？

釣りをやめその一点を凝視する。その距離、約15m。そしてゆっくりと時間をかけて近づいてくる扁平な〝お皿のようなもの〟がしだいに少しずつ浮き上がり、大きさを増してくるに従い、愚生の心拍数も増してくる。

やがて、水面上に浮き出た巨大なバスケットボールのような〝もの〟は黒光りした毛皮で覆われていることに気付く。その距離、約10m。

出たー、クマだ！　バカヤロウ、泳いで現われるなんて！　と思っても時すでに遅しである。

その瞬間、愚生の脳は真空状態になり、心拍数はいっぺんに倍以上に上がったことだけは覚えている。

速い水流に逆らい、顔を水面下に没しながら、うなじ、後頭部、頭頂部のみを水面上に出し、左右によれながら此方に向かってゆっくり泳いで寄ってくるではないか。

やがて肩峰部から背中の一部までが水面上に現われ、愚生との距離がついに約8mに縮まる。

こちらは腰まで速い水流に浸かり、逃げるどころか身動きが取れない。そんな愚生にクマはまだ全く気が付かないではないか。顔を水中に沈めた体勢では、いくら優れた五感を有する野生獣とはいえ、それは殆んど機能していないのか、左右によれながら悠然と泳いで寄ってくる。愚生はあえて逃げることはせず、早く気付いてくれと祈る気持ちで腹をくくり、そこから動かず留まることを決意した。

クソ度胸と言ったなら聞こえはいいが、本当は下手に動き、もしも急流で足をとられて流されたなら確実にクマの鼻先に流れ着く位置にいること、また、逃げおおせるだけの距離、時間的な余裕もすでにない状況にあった。

ついには愚生の左手に持っている6・1mの釣りザオの先が、クマの頭に届く所まで来てしまう。何てことだ、やはり逃げたほうがよかったのか！

いよいよ鉢合わせかと思ったのだが、泳ぐクマに水中のウエーダーが見えたのだろうか、それ以上近付くのを止め、ゆっくり浅場に体を寄せ、ついに水中からノソッーと大きな岩のような上半身が現われる。

オスの大グマだ‼　デカい、とんでもなくデカい奴だ。

巨大な頭を持ちその大きさは左右耳間がおおよそ40㎝、頭頂部から下顎部までおおよそ45㎝か、それ以上ある。推定体重は300㎏、それ以上かもしれない。たまにテレビで放映される、黒いツキノワグマなどまるで比較にもならない。

濡れた皮毛は淡い黒色から茶褐色に近く、体表を覆う長毛、特に背正中線部を中心にくすんだ黄金色毛も有し、渋い光沢を有するヒグマである。

肩峰部が異様とも見えるほどに盛り上がり、栄養状態もよく、見事に鍛え上げた雄大な体型を呈している。

不思議なことに、あまりの迫力に恐怖感は一時吹っ飛び、逆に崇高なる存在感に圧倒されることしばし。まだ北海道にはこんな度肝を抜くドデカいヒグマがいるのか。特に上躯の発達は素晴らしく、まるで肢を短くした力強い輓馬のように見えなくもない。もしもツキノワグマくらいの大きさなら、あるいは闘うことも選択肢の一つかもしれないが、このヒグマの大きさはその3～4倍は優にある。

こいつがサオ先の届く位置で身震いひとつせず、水を滴らせながら微動だにせず、愚生を睨みつけている。生きて帰れないのか！

その距離6ｍ、愚生との間には深く渦巻く溜まりがある。泳いで襲ってくるのか、それとも川岸にあがり、岸伝いに、飛びかかってきて、食い殺されるのか、それとも強烈な前脚で叩かれ、一発で終わりなのか――過去のクマによる残虐な殺害事件が一瞬頭を過ぎる。

クマのあまりにも小さな目から発する凄味、微動だにしない凄まじい威圧感、すべての生き物を見下してしまうがごときの眼光で愚生を睨み続ける。絶対に視線をそらさず冷静で、そして無表情に。

人は危機的一瞬に遭遇した時、過去の出来事が走馬灯のように脳内を流れるというが、まさしく愚生も同じく、あふれるほどの汗を噴出しながらも、不思議なことに脳内には、次々と過去の諸行が頭の中をよぎる。

愚生は背後からの急流に靴底を取られまいと、クマを真正面に見据えてやや膝を曲げ、両手をクマに向けて斜め上に挙げ、左手に持っている釣りザオも同じようにクマに向かって斜め上方に大きくかかげ、何とか少しでも此方を大きく見せる姿勢をとる。

靴底の砂利が急流で洗われるので時々よろけるが、サオ先がクマの顔にでも触れればクマを怒らせてしまうので細心の注意を払いながら、時々靴の位置を変える。愚生vs熊の睨み合い合戦が続いた。凄まじいプレッシャーに耐え5分……そして10分経過。不思議なことにクマはまだ襲ってこない。吼えもせず、立ち上がろうともせず、水面を叩きもせず、水流の岩にぶつかる音だけが耳に入る。

やがてクマは驚いた行動をとる。なんと愚生を睨みつけたまま少しずつ、ほんの少しずつではあるが後退りするではないか。しかし絶対に愚生の眼から視線をずらさず、また後ろを決して振り返ることもなく静かに、まるで後肢の掌面に全ての神経を集中しているかの如くゆっくり、ゆっくりと後退する。

そして川から岸にあがると後退りを止め、その距離8ｍになる。水中に沈んでいて見えなかった熊の肢が現われる。よく見ると毛で覆われた大きな掌の前面に黒光りする太くて短い、まるで鋼のような爪がならんである。その強烈な武器でいよいよ岸伝いに近づき、一気に襲ってくる気なのか。ところが信じられないことに、クマは愚生を真正面に見据え睨んだまま、再びゆっくりと後退りを始めるではないか。大きな石がごろごろ転がっている川原を、後方を振り向くことなく器用に後退し続け、愚生との距離が20ｍまで開いたとき、クマは初めて目線をそらし後方を一瞬ながら振り向いた。

その後はまた、こちらを睨みながらゆっくりと後退、数回後ろを振り返り、愚生との距離が約30ｍになった時、素早く向きを変え、駆け足で対側の急峻な崖を登り、鬱蒼とした藪の中に駆け込み、そして消えた。

助かった瞬間だった。

川の中にぽつんといた愚生、やっと身動きが取れるようになり、流されないようにゆっくり川からあがり、大汗を拭う。何ともいわれぬ安堵感におおわれたことを覚えている。

まさしく地獄から天国への瞬間であった。

生来、自然、野生動物に人一倍好奇心が旺盛な愚生はこのクマの奇異なる行動に大いなる疑問を抱く。また二度とあのクマは現われないだろうと根拠のない確信を抱き、用心深く釣りを再開し、クマの痕跡をチェックする。

所々に先ほどのクマが川から岸にあがり大きく身震いした痕が点在しており、川原を何度も行き来したと思われる出来たての大きな足跡、水飛沫があちこちに見られた。案の定、魚は警戒して全く食い付いてこない。

なぜ、あのクマは寒中に川の中を真剣に顔を沈めて泳ぎ、潜ったりしていたのだろうか。そしてなぜ川原を何度も往復していたのだろうか。

クマの内眼瞼にある瞬膜はお魚さんと異なり殆んど退化しているので、水中でクマの網膜に写し出される画像はオートフォーカスながらも、地上と同じ鮮明な画像が得られるとは思えない。にもかかわらず薄曇りの中、6m先の水中からウエーダーを確認できたことから察すると、水中でもかなりの視力があると判断しても間違いではないのだろう。

その問いに対する答えは簡単に、しかもすぐに見つかる。500mも釣り下がった所で、急流がゆるやかになり、川幅が広く、浅くなった所にある大岩に、隠れるように、またもや疑わしい〝もの〟が目に入った。一瞬、またかと思ったがよく見ると全く動かず、茶色の肌に数列のきれいな白斑が混じっている1.5mくらいの中型の動物が流されてきて、そこに引っ掛かっている。

小グマでないことを確認してから静かに近づくと、息絶えているよく肥えた70kgほどのメスのシカであった。

川に半身浸かっているので温もりはなかったが、死後強直はまだ始っておらず、左胸部の裂創部から新鮮血が流失、血液凝固はまだ見られない。つまり絶命して間もないということである。

冬眠前の大グマは、大事な餌となる、崖から転落したシカを真剣に探していたのだろう。

そうこうしている間に、待ち合わせの時間に大きく遅れてしまった愚生を案じた友人が、遠くより血相を変え走って来るのが目に入った。

横たわるメスジカを目の前にして、友人と「こんなご馳走をみすみす置き去りにするなんてもったいない」と意見が一致し、携帯していたバックのナイフで解体し、美味しそうな所を持ち帰った。

その夜は、しめやかなお通夜ならぬ反省会の筈が、しだいに元気付き、大宴会の食材となったことは言うまでもない。

後日、経験豊かなアイヌのハンターに聞いてみたところ、異口同音にそれほど大きいクマは今では足跡すら殆んど見かけなくなったとのこと。推測だけれどそのクマは崖にシカを追い込み、滑落させて獲っていたのではないかと、貴重なアドバイスを受ける。また、クマの獲物を横取りするなんて、そんな危険なことは絶対にしては駄目ですよと忠告された。

それ以降、釣りのお供としてドーベルマンを飼う。その名は与作。

ご主人様と同居、仕事も、食事も寝る時も、そして風呂も一緒でリードなし、柵なしの庭で遊び放題の全くの自由。

食餌は生まれた時から、近くのハンターからいただいた、シカ肉とクマ肉のみで育て、約六ヵ月齢くらいから一緒に山に入った。

与作はとても従順で度胸満点、ご主人様の指示はきちんと守り、時にはクマを逃げ場のないところまで追い詰め、クマと吠え合うこと数度。特にクマが吠える独特の大声は、それはそれはすざまじい迫力であり、まさしく度肝を抜くとは、こんなことを言うのかもしれない。

逆に藪からクマを追い出してきて、ご主人様をびっくりさせたこともあったが、どのクマもせいぜい80～130kgのクマであった。

背に渋く黄金色に輝く長毛を持ち、あれほど大きな黒褐色に輝くクマにはその後出会っていない。ある意味、素晴らしい一期一会だったのかもしれない。なんて能天気なことを思っていたらその後、愚生の知る限り、その年、その近くでハンターが一人クマに襲われ重症、ほかに作業員が後頭部を一撃され死亡等々の事故を聞かされた。

本書は月刊『つり人』2020年12月号、2021年1月号の「釣り人たちの九死に一生スペシャル」をまとめたものです。「ツキノワグマ！」「アカエイ再び！」「オニダルマオコゼ！」「ダム放水！」は、書き下ろしとなります。

●あなたの「死ぬかと思った」体験談を募集します！

釣り場での危機一髪、あるいは恥ずかしくてもう死にたいなどの体験談を、氏名・住所・連絡先をご明記のうえ、小社書籍編集部「死ぬかと思った」係にお寄せください（文字2000～4000字程度）。採用作品は、月刊『つり人』誌上、本書の続編等にて発表させていただきます（掲載作品には小社規定の原稿料をお支払いいたします）。投稿された原稿はご返送いたしませんので、ご了承ください。

釣《つ》り人《びと》の「マジで死《し》ぬかと思《おも》った」体験談《たいけんだん》6

～令和《れいわ》の水辺《みずべ》も危険《きけん》がいっぱい！～

2021年4月1日発行

編　者　つり人社書籍編集部
発行者　山根和明
発行所　株式会社つり人社
〒101 － 8408
東京都千代田区神田神保町1-30-13
TEL 03 － 3294 － 0781（営業部）
TEL 03 － 3294 － 0766（編集部）
印刷・製本　大日本印刷株式会社

乱丁、落丁などありましたらお取り替えいたします。

ISBN：978-4-86447-366-8　C2075
つり人社ホームページ　https://tsuribito.co.jp/
つり人オンライン https://web.tsuribito.co.jp/
釣り人道具店　http://tsuribito-dougu.com/
つり人チャンネル（You Tube）　https://www.youtube.com/channel/UCOsyeHNb_Y2VOHqEiV-6dGQ